文經閣

貧者因書而富

富者因書而貴

文經閣

貧者因書而富
富者因書而貴

先秦經典智慧名言故事叢書

張樹驊◎主編

民本仁政

《孟子》是我國古代著名的儒家經典。《孟子》原文七篇並無上下之分，亦無章次之別。孟子繼承、發展了孔子的思想，懷著治國平天下「當今之世，舍我其誰」自覺的歷史責任感和使命感，弘揚仁義，宣傳德治，同情民苦，抨擊暴政，志在匡世救民，兼濟天下，表現出朝氣蓬勃、積極進取的精神風貌。《孟子》一書的總體特色是感情充沛，氣勢奔放。他激蕩著憂國憂民的思想情感，又言辭犀利，呈現出凌鑠一切之勢。

智慧名言故事

孟子

王其俊◎編著

導讀

《孟子》是我國古代著名的儒家經典。

《孟子》原文七篇並無上下卷之分，亦無章次之別。東漢趙岐為《孟子》作注時，將各篇劃分為上下卷，每卷分若干章。七篇的順序是《梁惠王》、《公孫丑》、《滕文公》、《離婁》、《萬章》、《告子》、《盡心》。全書總計二百六十章，約三萬四千字。相傳另有《孟子外書》四篇，已佚。今本《孟子外書》為明代姚士粦偽撰。古今對《孟子》的注釋著作甚多，較優的有趙岐《孟子章句》、朱熹《孟子集注》、戴震《孟子字義疏證》、焦循《孟子正義》以及今人楊伯峻《孟子譯注》等。

《孟子》一書的作者，主要是孟子本人，其中也有萬章、公孫丑等學生的記述。

孟子（前三七二年～前二八九年），名軻，戰國中期鄒國（今山東鄒城）人。戰國時期著名的儒家大師，中國傳統儒學的重要奠基人之一。

孟子是魯國公族孟孫氏的後代。少年時期，家境貧寒，但從母親那裡得到了很好的教育。約十五歲時，孟子懷著對孔子的仰慕之情，赴魯國求學，受業於子思的門徒。約四十歲左右，孟子在鄒魯一帶從事講學，廣招學生，宣傳德治仁政學說。為了實現濟世救民、治國平天下的政治抱負，約從周顯王四十年（前三二九年）起，孟子率領弟子先後遊歷齊、宋、魯、滕、梁、齊等國。因他的仁政主張不符合各國國君的需要，便於周赧王三年（前三一二年）離開齊國返回鄒國。孟子結束了近二十年的遊說生涯，晚年在鄒聚徒講學和著書立說，終老於鄒。

《孟子》一書主要反映了孟子的思想。從系統方法的角度看，該書主要探討了個體、社會、天人問題，分別回答了人與自身、人與社會、人與天的關係。孟子追求的個體人格的完善、社會的和諧、人與自然的和諧以及個體、社會、天人三者之間的和諧，是《孟子》一書的主要內容。

孟子繼承、發展了孔子的思想，懷著治國平天下「當今之世，捨我其誰」自覺的歷史責任感和使命感，弘揚仁義，宣傳德治，同情民苦，抨擊暴政，志在匡世救民，兼濟天下，表現出新興地主階級思想家朝氣蓬勃、積極進取的精神風貌。他在抨擊暴政的同時，又懷著極大的政治熱情，力諫諸侯借鑑三代天下得失的經驗教訓，擯棄霸道，施行仁政，制民之產，發展經濟，減輕刑罰，薄收賦稅，尊賢使能，俊傑在位，加強修養，改過從善，從而獲得民心，統一天下。他以新興地主階級思想家的深邃洞察力和理性批判精神，揭露、批判了當時社會的貧富對立和各種弊端，在深度、廣度上都是前人所未及的。這既在廣闊的層面上揭示了當時各種錯綜複雜的社會衝突，又順應了封建統一的社會發展趨勢。

孟子在長期的政治、學術活動中，崇尚仁義，堅守信念，剛直不阿，藐視權貴，強調士人無論在身居窮困之時，還是通達顯赫之時，都要堅持仁義節操和不可屈服的獨立人格，不為富貴所淫、貧賤所移、威武所屈，為堅守道義而不惜獻出自己的生命。他所強調的士的志向、節操、尊嚴，完全壓倒了對富貴利祿的追求和滿足，既表現了對高尚人格和道德境界的孜孜追求，又表現了中國古代優秀知識份子堅持理想、不苟全取容的傲岸性格和風骨。

《孟子》一書的總體特色是感情充沛，氣勢奔放。文章中飽含著作者的激越之情，讀後令人感到一種酣暢淋漓的味道。他斥責時弊，抨擊暴政，既激蕩著憂國憂民的思想情感，又言辭犀利，呈現出凌鑠一切之勢。當他闡述自己的志向和理想時，又豪爽直率，火辣熱烈，顯示了對仁義之道的堅定信仰。當他譴責見利忘義之輩和權佞之徒時，又充滿鄙視、憎惡和激憤。

本書的內容，包括名言、要義和故事三個緊密結合的部分。

第一，關於名言。選取了《孟子》書中五十餘則蘊含哲理、發人深省、激勵人奮發向上的名言、警句。它的主要內容涉及道德修養、德治仁政兩個方面。

就道德修養來看，孟子特別強調了道德修養對齊家、治國、平天下的重要作用，主張社會成員只有加強修養、不斷完善自己的道德品質和追求高尚的道德境界，才能尊親敬長，交友有信，進而治理國家，安定天下。這樣，個體的道德修養是治國、平天下的前提和基礎；而治國、平天下又是個體道德修養的必然延伸和體現。這裡選取的道德修養的名言，主要包括嚴己寬人、正己正人、崇尚仁義、培養正氣、知恥改過、養心寡欲、尚儉抑奢、以義制利、藐視權貴、捨生取義、反求諸己、推己及人、效法聖賢、躬行踐履等等。這些名言反映了孟子崇尚仁義、堅守信念、剛直不阿、堅持理想、不苟全取容的傲岸性格和風骨，對我們加強修養、陶冶情操和樹立高尚的人格具有積極的啟示作用。

就德治仁政來看，孟子繼承了孔子的「為政以德」思想，並將它發展為系統的仁政學說。孟子的德治仁政就是以道德為基礎的政治倫理學說。這個問題與前面的道德修養緊密相連。孟子認為，應該讓那些具有高尚道德的人處在管理百姓的地位。如果不仁的人處在管理地位，就會把他的罪惡施加給群眾。孟子強調國君的道德修養和道德行為在社會政治生活中具有重要的作用，指出：「君仁，莫不仁；君義，莫不義；君正，莫不正。」孟子主張國君應把倫理上的愛人之心推廣並運用於治國、平天下的社會活動中。這樣，國君既負有治國、平天下的政治責任，又負有導民向善、為民表率的道德責任。因此，這一部分所選取的名言，主要包括以民為本、愛民利民、仁賢使能、選拔清廉、順乎民心、與民同樂、端正君心、上行下效、為民表率、以德服人等等。這些名言，表現了孟子尊王抑霸、民貴君輕、愛民仁民、獲得民心的政治倫理思想。

第二，關於要義。對名言中的生僻字詞作簡要注釋，並簡述名言發生的時代背景、概括名言的基本含義和現代啟示。

第三，關於故事。每一則故事與前面的名言、要義有著緊密的關聯，通俗、生動地反映名言、要義的中心思想。這些故事發生的時間分為三類：一是在孟子之前發生的，二是在孟子之時發生的，三是在孟子去世後發生的。在編撰前兩類故事時，力求凸顯孟子名言是對歷史經驗教訓和當時社會狀況或事件的概括及總結；編撰第三類故事則明確指出它從一個側面證實了孟子的名言所揭示的深刻哲理。所編寫的每一則故事，只是表現了某一歷史人物或歷史事件的一個側面，力求凸顯其與名言的內在聯繫，並不是對某一歷史人物、歷史事件的全面研究和評價。

本書的撰寫，力求融學術性、實用性、通俗性、科學性於一體，將每一名言、要義、故事視為一個緊密相連的整體，讀後使人受到啟迪。在對名言作深入淺出解說的基礎上，既肯定它在當時的積極作用和對後世的重要影響，又指出其階級、歷史的侷限和不足，堅持取其精華、棄其糟粕的原則，對名言作出實事求是的評價。

本書在編撰過程中，廣泛參閱了公開出版的各種論著、人物傳記、歷史和寓言故事等，未一一註明出處，特向有關作者表示衷心感謝。

本書如有疏漏和不足，懇請讀者批評指正。

亞聖孟子畫
摘自博藝網

王何必曰利

【名言】

王何必曰利？亦有仁義而已矣。

——《梁惠王上》

【要義】

這裡的王，是指梁惠王，就是魏惠王，名罃，惠是他的謚號，戰國時的魏國國君。梁惠王於周烈王六年（前三七〇年）即位，後來因被秦國戰敗，便於周顯王八年（前三六一年）從安邑（今山西夏縣西北）遷都大梁（今河南開封西北），從此魏國也稱做梁國。

魏國是戰國七個強大的諸侯國之一。戰國初年，魏國首先成為最強盛的國家。戰國中期，魏國接連被齊、秦、楚三國戰敗，被迫割讓了大片國土，逐漸失去了昔日強盛的局面。

魏惠王為重整旗鼓，收復失地，便用謙卑的禮節和豐厚的財物招納天下的賢士，希望他們為魏國的強盛出謀劃策。

當時在齊國聞名的客卿鄒衍、淳于髡等人，曾受邀請前往魏國。周慎靚王元年（前三二〇年），孟子率領弟子不遠千里、風塵僕僕地前往魏國。

孟子首次謁見梁惠王時，惠王說：「你不辭千里地來見我，那對我的國家會有很大的利益吧？」孟子提出了「王何必曰利，亦有仁義而已矣」的名言，接著闡明了先義後利、以義制利的義利觀，分析了國君、大夫、士、百姓捨棄仁義追逐利將使國家陷入危難的危害性，指出：「世上從來沒有講求仁愛和實行仁義的人而遺棄自己的父母的，也沒有講求道義的人而怠慢和背叛自己的君主的。惠王您只有推行仁義之道，才是抓住了治國為政的根本，為什麼捨棄根本而只講利呢？」

在孟子看來，縱使魏國富國強兵，不過都是小利而已；只有遵循仁義這一根本去做，把仁義當作治理國家的最高原則，才是根本上的大利。孟子的這一名言，就是儒家著名的義利之辨。他認為仁義與利是有先後、主次之分的統一體，強調用仁義制約利，利要符合義，在中國古代思想史上產生了深遠的影響。

【故事】

下面講的是卜式深明大義、獻產報國、不貪圖私利的故事。

卜式（生卒年不詳），西漢河南人，以畜牧為生。父親死的時候，還留下了一個弟弟，需要他扶養。卜式把弟弟扶養大了，就和他分家，把田地、房屋以及財物幾乎全給了弟弟，自己只要了一百多隻羊。卜式帶了這批羊到山裡去放牧。過了十幾年，羊愈繁殖愈多，卜式的家產也愈來愈多。他又買了田地，買了房屋，成了富翁。他的弟弟原本分到的那份家產，由於不務正業，不善經營，坐吃山空，早已敗得精光。卜式又重新把自己辛勤賺來的財產再分給弟弟。他這樣不止一次地幫助弟弟，被鄉里人們傳為佳話。

卜式生活的年代，正是漢武帝在位的年代。當時，國家的力量日益強大，為了保障邊疆人民的生活安定，漢武帝接二連三地出兵和匈奴作戰。戰爭耗費了大量的財力，國家的錢庫和糧庫都用空了，財政發生了困難。戰爭仍在進行，軍餉不能斷絕；國家如果不能及時籌集軍餉，對外反擊戰就會半途而廢。於是，漢武帝發佈詔令，凡是能夠向國家貢獻財產的人就給他官做，罪人獻出財物的可以除去他的罪名。詔令傳到河南（今陝西北、中部），老百姓都拄著拐杖，或讓人攙扶著去聽，卜式也擠在人群裡。當他知道國家因為保衛疆土、打擊匈奴而錢糧用空、籌餉困難時，心裡很不平靜。

河南自從秦朝滅亡後一直在匈奴的奴役之下，前不久，大將軍衛青才把這地方從匈奴手裡奪回，卜式是嘗夠了淪陷之苦的。如果國家沒有力量繼續保衛疆土，打擊匈奴，消滅敵人，那麼掠奪者豈不是又要捲土重來嗎？作為一個平民百姓，怎樣才能為國家出力效勞呢？

當時，天下的平民百姓都可以直接寫信給皇帝，百姓上書由掌管皇宮司馬門的公車司馬令總負責。卜式打定主意，上書朝廷，獻出一半家財給國家，作為保衛邊疆的軍餉，表示報國的一片忠誠。書信寫好後，卜式不辭辛勞，風塵僕僕地從河南趕到了京城長安，把書信遞送到司馬門。

漢武帝看了卜式的上書，十分重視，馬上派了一位使者代表他去接見卜式。使者見到卜式一身牧羊人的裝束，不像一個有萬貫家財的富翁，不禁有些驚訝。使者問卜式：「你捐獻給國家一半家產是想做官嗎？」

卜式搖搖頭說：「我從小牧羊，沒有學過做官的知識，我不想做官。」

使者又問：「是不是家裡有什麼冤枉，想申訴？」

卜式想自己可是真心報國，使者怎麼問起這個來了，是不是朝廷誤會了自己的意思？於是急忙解釋說：「我從來沒有和別人爭吵過。我在家鄉裡，有人窮困不能生活，我總幫助他；有人品行不好，我總是勸導他；我所住的地方，沒有人不聽我的話。人們都待我很好，我哪裡還會有什麼冤枉要申訴呢？」

難道天下真有這樣真心報國的人嗎？使者簡直不敢相信自己的耳朵了，仍然用懷疑的口氣詢問：「那麼你獻出家財，為的是什麼呢？」

卜式不假思索，理直氣壯地說：「沒有什麼別的意思，我以為國家要打擊匈奴掠奪者，凡是有作戰能力的人，都應當到前線去打仗；凡是有錢的人，都應當獻出自己的家財。這樣有力出力，有錢出錢，就能消滅匈奴。」

使者消除了心頭的疑問，欽佩得連連點頭。他如實地把卜式的愛國行為報告了漢武帝。漢武帝把這話告訴了宰相公孫弘，徵求他的意見。公孫弘說：「這話不合人情，哪有這樣好的人無緣無故肯自己捐出財產呢？一定另有別的打算。這種人是靠不住的，如果大家都學他的樣子，說不定會養成投機取巧的心理，我看還是不要接受他的捐獻為好。」漢武帝聽了遲疑不決。卜式則仍舊回到山區繼續種田和牧羊。

不久，漢朝大規模反擊匈奴的戰爭取得了勝利。

漢武帝元狩三年（前一二〇年）秋天，潼關以東的地區發了洪災，漢朝將七十多萬災民遷往關中救濟。但因為上一年安置歸附漢朝的匈奴，國庫裡拿不出錢糧來供應災民的給養，於是朝廷頒佈法令，以徵收商業稅來籌集款項，解決財政上的困難。可是，那些富商大賈爭相隱藏財產，逃稅漏稅，使國家的財政收入得不到保障，無法解決經濟困難。在國家困難的當頭，卜式又挺身而出，到河南太守衙門捐獻了二十萬錢，來救濟災民。

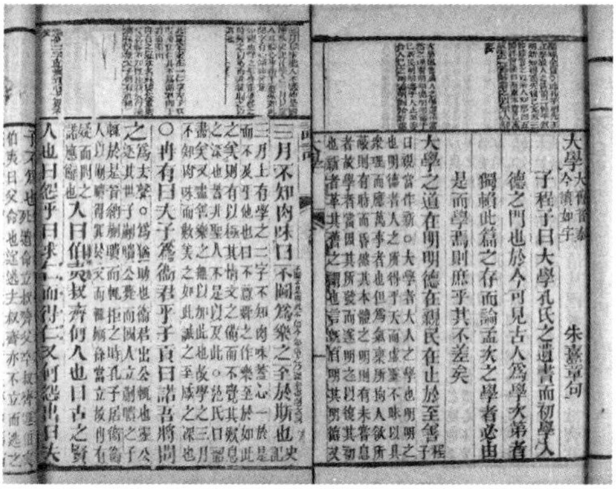
大學 朱熹章句

子程子曰大學孔氏之遺書而初學入德之門也於今可見古人為學次第者獨賴此篇之存而論孟次之學者必由是而學焉則庶乎其不差矣

大學之道在明明德在親民在止於至善

三月不知肉味曰不圖為樂之至於斯也

○冉有曰夫子為衛君乎子貢曰諾吾將問之

入曰伯夷叔齊何人也曰古之賢人也曰怨乎曰求仁而得仁又何怨出曰夫

漢武帝從河南太守上報的捐款名單中，看到了卜式的名字，想起了前幾年卜式獻產報國的事，大為感動，說：「從前請求捐獻一半家財當軍費的不就是他嗎？既然這樣熱心，應當加以獎勵。」

為了表彰卜式深明大義，獻產有功，漢武帝破例賞賜他第十級左庶長，又授予他中郎的職務，賞了十頃田地，並把他的報國事蹟昭告天下，教育百姓。於是，全國都知道有個愛國模範卜式了。

卜式不願意做官，武帝說：「你不是會放羊嗎？我在上林苑養了些羊，就煩你去牧羊吧。」卜式從此穿上草鞋，穿上布衣，當真牧起羊來。過了一年，羊也養得肥了，數量也大大增加了，武帝看了大加稱讚。卜式詳細地向武帝介紹了牧羊經驗，並深有體會地說：「不但牧羊應當這樣，就是管理百姓的官，也要用我牧羊的法子才好。什麼法子呢？就是起居飲食要有規律，羊群中間有了敗類的羊，就要把牠分開單放，不要讓牠把羊群給帶壞了。」

武帝聽了他的話，認為他的見解很有道理，就派他做緱（緱音ㄍㄡ）氏縣的縣令，想試試他的才幹，果然緱氏縣的人都很滿意。然後又升他做成皋縣令，成皋是個交通要道，不比緱氏是個山區，事情複雜難辦多了。可是卜式到任之後，經理漕運，成績卓越。武帝認為他是個忠於職守、才華出眾的人，又把他升任齊國的國相。

後來漢朝又對南越用兵，糧餉、器械、馬匹、船隻，樣樣都需要很多的費用，加以四面八方都向外開拓疆土，需用的人力也非常浩大。政府籌措正感困難，卜式又以齊國國相的資格來上書請願了。他說：「聽說南越現有戰爭，我願意帶著我的兒子和齊國熟悉行船的人，一齊到前方去參加作戰，準備為國獻出生命。」

武帝為了這事，特下一道詔書說：「卜式雖然是個種田牧羊的人，但並不貪圖私利，一有餘財，就捐獻給國家。現在天下多事，卜式居然自願帶領兒子同赴國難，雖未作戰，但這種正義之情，充塞胸中。特封為關內侯，加賜黃金六十斤，田十頃，佈告天下。」

卜式深明大義、獻產報國、不貪圖私利的故事，再次證實了孟子上述名言所揭示的先義後利、以義制利的深刻哲理。

率獸而食人

【名言】

庖有肥肉，廄有肥馬，民有飢色，野有餓莩，此率獸而食人也。

——《梁惠王上》

【要義】

庖，廚房。廄，馬房。莩，餓死的人。率獸，帶領禽獸。食人，吃人。

孟子在梁國期間，曾多次向梁惠王宣揚仁政德治學說，使之受到了一定的啟發。有一次，梁惠王對孟子說：「我願高興地聽從您的指教。」

為了引起梁惠王的好奇、關注和為自己的議論做好鋪墊，孟子從側面提出了「殺人以梃與刃，有以異乎」和「以刃與政，有以異乎」兩個明顯易答的誘問，待梁惠王作出肯定回答後，孟子根據梁國的社會現實，巧妙、嚴厲地批評了梁惠王施行暴政而將百姓置於死地的行徑，義正辭嚴地提出了上述名言。

這一名言的意思是說，現在您廚房裡堆滿鮮美膘肥的肉，馬圈中飼養著剽悍健壯的駿馬，然而您的百姓卻餓得面黃肌瘦，野外橫七豎八躺著餓死的人。這種情況對照起來，簡直等於國君率領著禽獸而吃人。孟子所說的簡短十六字，鏗鏘有聲，鮮明、具體、生動、形象地揭示了梁國的貧富差別和等級對立；「此率獸而食人」一句，極其精鍊地揭示了富貴壓迫貧賤的事實。由此，梁國的社會現實和梁惠王暴虐百姓的行為躍然紙上，從而表現了孟子的社會批判思想。

孟子又接著指出：「當我們看到禽獸互相殘害、弱肉強食的時候，人們都厭惡、憎恨牠們。您作為一國之君，實際是全國百姓的父母，應該像對待自己的親生兒女一樣，去愛護、保護百姓。然而您現在施行的暴虐政治，就像率領禽獸去吃人一樣，老百姓怎能不厭惡您呢？您怎麼能稱得上百姓的父母官呢？」

為了增強自己立論的說服力，孟子又引用孔子的話說：「第一個製作陶偶、木偶來殉葬的人，必定斷子絕孫吧！」孟子引用孔子的「始作俑者」，實際上是隱喻梁惠王生活奢侈、不恤民苦、施行暴政、殘害百姓的暴虐行徑。他進一步評論說：「孔子之所以如此痛恨，就是因為殉葬的陶偶、木偶模擬人的形象。用像人形的俑來殉葬，尚且不可，又怎麼能讓百姓飢餓而死呢？」

孟子抨擊暴政和同情百姓疾苦的精神，對後世思想家、政治家和詩人產生了重要的影響。譬如唐代著名詩人杜甫「朱門酒肉臭，路有凍死骨」的千古傳誦名句，顯然是從孟子的上述名言脫胎而來。另一位著名詩人白居易「與君啖肥馬，可以照地光，願易馬殘粟，救此苦飢腸」所表現出的憂慮百姓苦難的思想情感，也顯然與孟子是一脈相承的。

【故事】

在中國古代，著名的思想家和詩人用自己手中的筆，猛烈抨擊了統治者暴虐百姓的不義行徑。下面講的是杜甫揭露和批判暴政的故事。

杜甫（七一二～七七〇年），字子美，河南鞏縣人，唐代著名的現實主義詩人。二十歲以後，曾漫遊齊、趙、梁、宋之間。天寶十四年（七五五年），已四十四歲的杜甫任管理軍械庫房的小官。安史之亂起，他被俘留居長安。後來為躲避旱災和兵火，便攜家入蜀，寓居成都。他經歷唐玄宗、肅宗、代宗三朝，此時正是唐王朝由興盛走向衰敗的時期。唐玄宗後期，藩鎮割據的局面逐漸形成，朝廷腐敗，社會動亂，國勢日衰。延續八年的安史之亂使唐王朝受到了嚴重摧殘。叛軍四處燒殺搶掠，使黃河中下游出現了千里無人煙的淒慘景象。生活在這個動盪歷史時期內的杜甫，懷著對百姓苦難的深切同情，抨擊、揭露了統治階級窮奢極欲、荒淫無恥的生活。

天寶十四年（七五五年），杜甫任右衛率府冑曹參軍的小官，任務是看守兵甲器杖，管理門禁鑰匙。這一年，他到奉先（今陝西莆城）去探望妻兒。沿途水、旱災害不斷，成群結隊的窮苦百姓流離失所，飢餓、病死的百姓遍佈荒野，統治者們卻過著花天酒地、窮奢極欲的生活。杜甫穿著又破又單薄的衣服，奔走在寒風呼嘯的路上，手指凍僵了，連斷了的衣帶也難以繫上。經過長途奔波，杜甫拖著疲憊的身體剛跨進大門，就聽見一片號啕聲。原來，自己不滿周歲的兒子剛剛餓死。

杜甫的心像被撕碎了一樣，他聯想起沿途的見聞，無比悲憤地用血和淚揮筆寫下了《自京赴奉先縣詠懷五百字》，揭露了統治階級的罪惡，深刻地反映了安史之亂前唐朝的貧富對立。其中，「朱門酒肉臭，路有凍死骨」，成為千古流傳的名句。

杜甫的「朱門酒肉臭，路有凍死骨」詩句，深刻揭露了統治者魚肉百姓、率獸食人的罪惡。這些揭露和批判，與孟子「庖有肥肉，廄有肥馬，民有飢色，野有餓莩（莩音ㄆㄠˊ），此率獸而食人也」這一名言的揭露是一脈相承的，表現出仇視暴政、同情民苦的思想情感。

保民而王，莫之能禦

【名言】

保民而王，莫之能禦也。

——《梁惠王上》

【要義】

保民，安定百姓。王，統一天下。莫，沒有。禦，阻擋。

周顯王四十年（前三二九年），孟子在齊威王的時候第一次遊齊。後來，孟子又出遊宋國、滕國和梁國。周慎靚王三年（前三一八年），孟子離開梁國後第二次出遊齊國。

戰國中期，齊國是一個南面有泰山、東面有琅琊山、西面有清河、北面有渤海四面險隘的國家。它依山傍海，沃野千里，經濟發達，交通便利，實力強盛。齊宣王的祖父田桓公，曾經在齊國國都臨淄城西稷門外設立了一座稷下學宮，招徠一大批有謀略的知識份子來這裡研究學術，議論政治，為齊國統治者出謀劃策。到齊宣王時，齊國達到了鼎盛時期，稷下學宮更加興旺。

孟子到了齊國，對齊宣王實行仁政充滿了信心。當時，齊宣王野心勃勃，一心想稱霸中原，征服秦、楚等大國和用武力統一天下。孟子經過一番調查研究，認為齊宣王的思想狀況是推行仁政理論的障礙，便開始循循善誘地啟發他接受和採納自己的仁政主張。這裡記述的孟子與齊宣王的談話，就是在這種情況下發生的。

有一天，齊宣王對孟子說：「齊桓公、晉文公在春秋稱霸的事蹟，您能講給我聽嗎？」孟子立意要談用仁政統一天下的王道，於是回答說：「孔子的學生沒有講齊桓公、晉文公稱霸的事，所以後代沒有流傳下來，我也沒有聽說過。」孟子緊接著用「不得已，我便給您講述以德服天下的王道」而引出了自己的議題。這就使齊宣王本來想談霸道的話題扭轉了方向。

於是齊宣王不由地問：「要有怎樣的德行才能統一天下呢？」這就步入了孟子設置的機關。孟子乾脆地回答說：「保民而王，莫之能禦也。」就是說，愛護、安定百姓，就能統一天下，這是任何人都阻擋不住的。這就鮮明地提出了「保民而王」的名言。

當孟子提出「保民而王」的仁政論點後，齊宣王疑惑地問：「像我這樣的人，可以安定百姓嗎？」孟子洞察齊宣王的心理，肯定地說：「可以！」

齊宣王聽了孟子的肯定回答，感到很高興，便反問孟子說：「您憑什麼理由知道我可以呢？」在這之前，胡齕曾告訴孟子齊宣王用羊換牛祭神的一件事。說的是齊宣王看見手下的人牽著牛從堂下經過，準備宰殺了牠去祭神，他不忍心看牛那哆嗦害怕的樣子，便指示用羊代替牛。

孟子舉出了這件事例後，便向齊宣王分析了用羊換牛的仁慈之心是施行仁政的心理基礎。他委婉批評齊宣王不肯實行仁政，而不是不能實行仁政，並針對齊宣王稱霸諸侯的心理，強調實行霸道必敗，推行仁政必勝，闡述了實行仁政的幾項根本措施，最後得出結論說：「老者衣帛食肉，黎民不飢不寒，然而不王者未之有也。」就是說，年老的人穿錦吃肉，百姓衣食無憂，安居樂業，這樣還不能統一天下，那是絕無可能的事情。這就與孟子開始所強調的「保民而王，莫之能禦」的觀點前後照應，突出了施行仁政就能統一天下的主題。

孟子所講的愛人、愛百姓，是有等級差別的愛，它的程序表現為由近到遠的過程。孟子所說：「尊敬自己的長輩，再推廣到尊敬別人的長輩；愛護自己的兒女，再推廣到愛護別人的兒女。」這表現了孟子關於由近到遠地把恩惠推廣開去就能安定天下的思想，是把父子關係的血緣情感逐步推廣到社會生活中的表現。這一思想，符合中華民族從親愛自己的長輩、愛護自己的兒女，再推廣到尊敬別人的長輩、愛護別人兒女和先端正自己，然後去端正別人的民族心理及社會習俗。它深深地紮根在中華民族的心理之中，豐富了中華民族敬長慈幼、正己正人、嚴己寬人的優良傳統。

孟子「保民而王，莫之能禦」的名言，是對夏、商、周到戰國時代歷代王朝興衰治亂歷史經驗的概括和總結，並被以後兩千多年封建社會的發展事實所證實。歷史證明，統治者為了維護自己的統治地位，在一定程度上做到愛護、安定百姓，社會就會統一、安定和發展；否則，統治者暴虐百姓，社會就會分裂、混亂和倒退，腐敗的王朝就會被新的王朝所代替，統治者也會落得垮台的命運。

【故事】

下面講的是劉邦安定百姓而統一天下的故事。

劉邦（前一五六～前一九五年），亦名劉季，沛（今江蘇沛縣）人，西漢王朝的締造者，中國歷史上著名的封建帝王。

秦始皇死後，其子胡亥即位，稱為二世。這時天下已經亂起來了。有一次，劉邦以亭長的身分從沛縣往驪山的秦始皇墳墓工地上送民工，總共有幾百人。從一開始出發就有人開小差，沒有走出一百里，已經跑了一大半。劉邦心想：照這樣跑下去，不到驪山人就都跑光了，那時怎麼交差呢？

乾脆豁出去做點好事算了。於是他在豐邑縣西面的大澤中停了下來，叫人們拿出乾糧、水壺，好好地吃喝了一頓，而後對人們宣佈說：「現在由我做主，你們大家都跑吧，反正我也不想回沛縣了。」眾人一聽都歡喜不盡，紛紛叩頭拜謝而去。最後剩下來的十來個人對劉邦說：「既然大哥如此仗義，小弟們願跟隨左右，萬死不辭。」劉邦也不拒絕，乘著酒興，帶領他們進入芒碭（碭音ㄉㄤˋ）山。

當時，沛縣的文書蕭何和監獄官曹參在劉邦上芒碭山後，知道劉邦是個好漢，很同情他，就暗地裡和他交往。當陳勝七月在大澤鄉起義而打下陳縣時，蕭何和沛縣裡的百姓就殺了縣官，派人到芒碭山把劉邦接了回來，請他當沛縣的首領，大家稱他為沛公。

劉邦在沛縣起兵後，又招集了兩三千人，攻佔了自己的家鄉豐邑（今江蘇豐縣），並以豐邑為根據地，以蕭何、曹參、樊噲等為左膀右臂。

陳勝、吳廣等主要起義領袖死後，由於各地起義的領導權都落到了舊六國貴族手裡，彼此爭奪地盤，鬧得四分五裂。秦國的大將章邯、李田想趁機把起義軍一個個擊破。在這個緊要關頭，項梁在薛城召開了會議，決心把起義軍整頓一下。為了擴大號召力，項梁聽了謀士范增的意見，把流落在民間的楚懷王的孫子找來立為楚王。劉邦與項梁、項羽等同在楚王的旗下共事。

秦二世二年（前二〇八年），楚懷王在彭城召開會議，派劉邦率軍西下，直撲咸陽。出發前，懷王對眾宣佈：「你們現在出去南征北戰，勝負不知，將來誰能首先打入關中，誰就當關中王。」

就在劉邦一路引兵西下，攻下陳留城、開封、滎陽、洛陽、南陽郡首府宛城、析縣、酈縣等地時，北方傳來項羽已大破秦兵於鉅鹿、章邯已帶二十萬人投降項羽的消息。當時，趙高已經殺死了秦二世。趙高由於害怕項羽大軍來攻打咸陽，於是派使者和劉邦談判，商量如何瓜分關中、兩人利益均等的事。劉邦假意同意趙高的主張，事實上卻消滅了武關和嶢關的兩支秦軍，直向咸陽進軍。

漢高祖元年（前二〇六年），劉邦來到了咸陽，剛剛藉由政變殺掉了閹宦趙高的秦王子嬰帶著秦朝的大臣，拿著皇帝的玉璽、兵符和節杖，哈著腰在路旁向沛公投降。

劉邦手下的將軍主張把子嬰殺了，但劉邦說：「楚懷王派我攻咸陽，就因為相信我能待人寬厚；再說人家已經投降，再殺他不好。」說完，他把子嬰交給將士看管。

這樣，秦始皇建立起來的強大的王朝，僅僅維持了十五年，就在農民起義的浪潮中滅亡了。

劉邦進了秦朝宮殿後，看到到處富麗堂皇，黃金、白銀耀眼生光；看到幔帳，擺設好看得教人睜不開眼睛；還有許許多多美麗的宮女。他在宮裡待了一會兒，心裡迷迷糊糊的，簡直不想離開了。這時，恰逢樊噲和張良進來，看到這種情景，於是勸說劉邦應先放下享受，先統一各國。在他們的勸說下，劉邦才醒悟過來，於是吩咐將士封了倉庫，帶著士兵回到了壩上。

外邊的百姓不知真假，一看劉邦在宮殿裡只轉了一圈，就又出來駐壩上了，於是一傳十，十傳百，都說劉邦是財色不沾的大聖人，從來沒見過這樣的仁義之師。於是便牽著豬羊，抬著美酒，絡繹不絕地到壩上去慰勞軍隊。受了張良等人開導的劉邦一看，立刻又擺出一副慈厚長者的樣子，對關中父老們說：「我們吃用一概不缺，絕不能再讓父老們破費，我們出發前，懷王已經和我們約好了，誰先入關誰就當關中王。所以從今後，我就是你們的大王了。以往你們被秦朝的殘酷法令害苦了，今天，我跟諸位父老約定三條法令：第一，殺人的償命；第二，打傷人的辦罪；第三，偷盜的辦罪。除了這三條，其他秦國的法律、禁令，一律廢除。」說罷立即派人帶著大批告示到各城鎮、鄉村張貼頒發，使關中大地安定了下來。

百姓聽了劉邦的「約法三章」，高興得不得了，沒有一個人不盼著劉邦快點正式當關中王。至此，劉邦的進入關中與百姓的約法三章為他日後打敗項羽奠定了堅實的基礎。後來，經過四、五年的楚漢戰爭，劉邦戰勝了項羽。西元前二〇二年，劉邦建立漢朝，定都洛陽，登上了皇帝的寶座。

劉邦當皇帝以後，擺在他面前的是一個亟待整頓和恢復的殘破局面。當時不但人民大量逃亡，生產凋零，糧食奇缺，人民的生活十分困難，而且就連皇帝的馬車都配不齊四匹一色的馬。所以，安撫流亡，恢復和發展農業生產，盡快平撫戰爭的創傷，就成為劉邦鞏固西漢統治的當務之急。

要恢復農業生產，首先要解決勞動力不足的問題。當時人民在戰亂中死的死，逃的逃，政府實際掌握的戶口只有過去的十分之二、三。劉邦為了安頓逃亡在各地的人進行生產，發佈了「復故爵田宅」的命令，號召那些逃亡在外的人回到故鄉，恢復他們原來的爵位，歸還原有的土地和房屋，當地的官吏對他們要好好安置，不得歧視和刁難。對於追隨劉邦打天下的士兵，根據他們不同的戰功，賜給爵位和土地，動員他們復員回鄉進行生產，以充實農村的勞動力。對於戰爭中因生活困難而自賣為奴隸的人，也宣佈一律加以釋放，讓他們成為自由人，積極進行農業生產。對於罪犯，除死罪者外，一律加以釋放，回到生產中去。為了鼓勵生育人口，增加勞動後備軍，還規定生了兒子的人，可以免除徭役兩年。經過這些努力後，開始有一大批勞動力回到了生產的第一線。

為了恢復農業生產，除了增加在農業生產上的勞動力外，還需要讓這些勞動力與土地結合起來。早在楚漢戰爭進行的過程中，劉邦就把原來秦朝圍禁的苑囿園池分給農民耕種。劉邦當皇帝以後，又根據功勞的大小，分給追隨他參加了戰鬥的士兵不等的土地，要他們復員回鄉，好好經營這些土地，進行農業生產。對於因戰亂而逃亡各地的農民，也要求各地官吏撥給荒地，把他們安置下來進行農業生產。

在當時生產和生活都十分困難的條件下，劉邦還盡量減輕農民的賦役負擔，以提高農民的生產積極性。對秦以來人民最感頭痛的徭役制度，劉邦適當給以減輕了。在楚漢戰爭期間，他就規定關中從軍的免除全家徭役一年。他稱帝後，又宣佈追隨他戰鬥的士卒，可以免除本人或全家的徭役。對於賦稅，他根據政府的各地總開支，制訂了賦稅的總額，田租只收產量的十五分之一。對於遭受戰亂比較嚴重或臨時受災的地區，他還經常免除其租稅。劉邦實行的輕徭薄賦制度，減輕了人民的負擔，促進了漢初經濟的發展。

漢高祖劉邦在推翻秦王朝過程中實行的約法三章和建立漢朝後實行的與民休息的政策，促進了中國社會的統一和經濟的發展，進一步證實了孟子「保民而王，莫之能禦」的正確預見。

樂以天下，憂以天下

【名言】

樂民之樂者，民亦樂其樂；憂民之憂者，民亦憂其憂。樂以天下，憂以天下，然而不王者，未之有也。

——《梁惠王下》

【要義】

樂民之樂，把百姓的快樂當作自己的快樂。民亦樂其樂，百姓也把國君的快樂當作自己的快樂。憂民之憂，把百姓的憂愁當作自己的憂愁。樂以天下，與天下的人共同歡樂。憂以天下，與天下的人共同憂愁。未之有，從來沒有過的事情。

周慎靚王三年（前三一八年），孟子第二次出遊齊國。有一天，齊宣王在自己的別墅雪宮中會見孟子。他觀看著翩翩起舞的樂隊，環顧四周美麗的園林風光，洋洋得意地詢問孟子說：「有道德的賢人也有這種快樂嗎？」

孟子回答說：「有啊！誰有了這種美好的園林風光，都會感到十分快樂，不過一般的百姓享受不到這種快樂，便會埋怨國君了。百姓因享受不到這種快樂，就會責怪國君，這當然是不對的。但作為國君而不能與百姓共同歡樂，也是不對的。」孟子接著提出了國君要與民同憂同樂的千古名言。

他認為，國君把百姓的歡樂當作自己的歡樂，百姓也會把國君的歡樂當作自己的歡樂；國君把百姓的憂愁當作自己的憂愁，百姓也會把國君的憂愁當作自己的憂愁。與天下的人共同歡樂和憂愁，這樣還不能統一天下，是從來沒有的事情。孟子的這一名言，突出強調了國君與民同憂同樂是統一天下的前提和基礎。為了深入論證這一主題，孟子採用了以古喻今的手法，引述了春秋時期晏嬰勸諫齊景公要與民同憂樂的故事，從而產生了烘雲托月的作用。

孟子強調的國君與民同憂同樂的主張，表現出他反對暴政、深切同情百姓疾苦的思想情感。孟子「樂民之樂者，民亦樂其樂；憂民之憂者，民亦憂其憂」的千古名言，深深地紮根在中華民族心理之中，成為後世許多思想家、政治家和有志之士批判暴政的有力武器。宋代著名政治家范仲淹所寫「先天下之憂而憂，後天下之樂而樂」的著名詩句，就是與孟子的影響密不可分的。

【故事】

這裡講的是晏嬰勸諫齊景公要與民同樂的故事。

晏嬰（？～前五〇〇年），字平仲，夷維（今山東高密）人。春秋時期齊國大夫。他先後任齊靈公、莊公、景公三代正卿，執政五十多年。

晏嬰身任齊相，多次勸諫貪圖享樂、不顧國政的齊王。有時犯顏直諫，有時笑談隱喻，多收到了較好的效果。他同情民苦，力行節儉，反對統治者的奢靡生活。

齊景公三十二年（前五一六年），彗星出現。一般人認為彗星出現就會帶來災難。齊景公坐在柏寢台上嘆息說：「堂皇的亭台，將歸誰所有啊？」群臣潸然淚下，晏子卻笑起來，景公惱怒。晏子說：「我笑群臣過分諂諛您。」景公說：「彗星出現在東北，正在齊國分野，寡人以此為憂。」晏子說：「您築高台造深池，賦斂唯恐少得，刑罰唯恐不盡，本將要出示凶兆，彗星還有何可怕呢？」景公說：「可以禳除嗎？」晏子說：「如果神靈可以祝禱而來，那麼也就可以祈禳而去了。百姓們苦毒怨恨者以萬數，而您讓一個人去祈禳，怎能勝過眾人之口呢？」

有一年冬天，接連下了三天鵝毛大雪仍不轉晴。景公穿著全用狐狸腋下的白毛集成的

「狐裘」皮襖，坐在殿堂側面的台階上。晏子進去參見景公，站了一會兒，景公說：「奇怪呀！下了三天雪而天不冷。」晏子反問道：「天真的不冷嗎？」景公笑了。晏子說：「我聽說古代的賢明國君雖然自己吃飽了但還知道有人挨餓，自己穿暖了卻還知道有人受凍，自己安逸時還知道別人的勞苦。現在您卻不知道啊！」景公說：「好！寡人聽從您的指教了。」於是下令從國庫裡拿出皮襖，發放糧食，救濟那些飢寒的百姓。那些受救濟的百姓都高興得奔相走告。

有一年春天，景公到寒塗的地方遊玩，看到大路旁腐爛的死屍，掩鼻而過，不聞不問。晏子進諫說：「以前我們先君桓公出遊時，看到飢餓的人就給他食物，看到生病的人則給他錢財；派公差不使百姓過於勞苦，不多賦斂以損害百姓。所以先君將要出遊時，百姓都高興地說：『君主當幸而遊覽我們這裡吧！』如今君主遊於寒塗，四十里之內的百姓，錢財出盡了不足以供您的賦斂，勞力出盡了不足以供您役使；民眾飢寒凍餓，拋屍路旁，然而君主卻不聞不問，失去了做國君的道義。財乏力竭，百姓不可能親附君上；驕縱奢侈，君上也不可能親近百姓。上下離心，群臣不親，這正是夏、商、周三代之所以衰亡的原因啊！如今君主也這麼做，我擔心齊國宗室命運的危殆，而這正是給異姓篡政造成機遇呀！」

景公慚愧地說：「是的！作為國君而忘掉下屬，加重賦斂而不顧百姓，我的罪過很大呀！」景公於是下令掩埋死屍，向百姓發放糧食，免除四十里之內的百姓一年的差役，三個月內不再出遊。

有一年的春天，風和日麗，萬物吐翠，白楊絮像雪花一樣飄然而下，覆蓋在綠草的肩頭。一片片盛開的桃花、梨花，像彩雲一樣鋪滿了山腰。齊景公對別墅裡的美景流連忘返。他微笑著轉過頭，對身邊的晏子說：「我想趁這春暖花開的季節，到幾座名山去遊覽，然後沿海邊南行，欣賞大海的波瀾壯闊，直抵風景秀麗的琅琊山。我怎樣做才能比得上過去聖王的巡遊呢？」

晏子笑著回答說：「您問的這個問題太好了。我先給您講一講古代的巡狩、述職制度吧！按照禮法，天子到諸侯國去視察，叫做『巡狩』。它的意思是天子巡察各諸侯國所守衛的疆土。諸侯定期去朝見天子叫做『述職』。它的意思是諸侯向天子稟報自己職責內的事務。天子和諸侯的一來一往，都是政治上的大事。

「在春耕大忙季節，天子外出巡視百姓的耕種情況，補助貧困的農民；秋天考察百姓的收穫情況，補助歉收的農民。夏朝有一句諺語說：『我們的君王不出遊，我們的休息向誰求？我們的君王不出走，我們的補助哪會有？我們的君王出遊走走，是以作為諸侯的法度。』然而，現在的諸侯卻不是這樣。國君一出巡，便興師動眾，聲勢浩大，勞民傷財，搜刮民脂民膏，四處籌糧運米，使得飢餓的人沒有飯吃，勞苦的百姓疲憊不堪，四處被攪得雞犬不寧。人們怒目側視，怨聲載道，不少人被迫為非作歹。這樣的巡遊，違背天意，虐待百姓，吃喝揮霍，花費如同流水。流連忘返，荒亡無行，諸侯都為此而擔憂。什麼叫流連荒亡呢？從上游順流而下玩樂而忘記了歸返叫做『流』，從下游往上游遊玩而忘記了歸返叫做『連』，終日沉溺於外出打獵取樂叫做『荒』，無節制地狂飲美酒叫做『亡』。從前的聖賢君主都沒有這種流連荒亡的行為。現在，您是選擇外出巡察民苦呢？還是選擇外巡逸樂呢？由您自己決定吧！」

景公聽了晏子的勸諫，非常高興，立即下令改革政治，發佈告示而告知百姓，準備實行救濟百姓的措施，然後出城住在郊外，表示體恤百姓的困苦。實行仁政，打開糧倉，賑濟百姓。景公又召見樂官，讓他創作君臣共同歡樂的歌曲。這就是《徵招》、《角招》。歌詞的大意說：「阻止國君的私欲，有什麼過錯？」

晏嬰勸諫齊景公與民同樂的故事告訴人們，國君與民同憂同樂，就會得到百姓的擁護和支持。孟子的「樂民之樂者，民亦樂其樂；憂民之憂者，民亦憂其憂」的名言，無疑是對這一歷史經驗的概括和總結。

誅一夫不為弒君

【名言】

殘賊之人謂之「一夫」，聞誅一夫紂矣，未聞弒君也。

——《梁惠王下》

【要義】

殘賊之人，破壞仁愛和道義的人。一夫，獨夫。誅，合乎正義地討殺罪犯。紂，商紂王，商代的最後一位君王，中國歷史上臭名昭著的暴君。弒，指我國古代臣下無理地殺死君主，兒女殺死父母。

周慎靚王三年（前三一八年），孟子第二次遊齊。有一次，齊宣王詢問說：「商湯王放逐夏桀，周武王討伐商紂王，有這回事嗎？」孟子肯定地說史書上有這樣的記載。齊宣王又問：「桀、紂是國君，商湯、周武王是臣子，做臣子的犯上殺死國君，這是可以的嗎？」

孟子義正辭嚴地提出了這一名言。它的意思是說，兇暴淫虐、破壞仁愛的人叫做『賊』。顛倒錯亂、傷敗人倫、毀滅道義的人叫做『殘』。破壞仁義、暴虐百姓、詛咒天下的人，雖然身居國君的職位，但這種眾叛親離的民賊，只能稱為『獨夫』。我只聽說過周武王誅殺了獨夫殷紂，沒有聽說過是臣弒其君。

在我國古代，臣下無理地殺死國君，子女殺死父母，都稱為弒，合乎正義地討伐、殺死罪犯則稱為誅。孟子用合乎正義的「誅」字代替了以下犯上、無理地殺死國君的「弒」字，在先秦時代是一種破天荒的驚人之舉。

孟府，位於鄒城市南關，亦稱「亞聖府」，是孟子嫡裔居住的地方，據有關資料推測為金元時代所建，經過歷代重修擴建，孟府現佔地六十餘畝，前後七進院落，共有樓、堂、閣、室一百多間。保存著封建帝王所賜的朝服、龍袍、聖旨、誥封，如家藏珠寶古玩、宗族檔案、印書木版、古書字畫等大量珍貴文物，是研究封建社會政治、經濟和地方歷史的寶貴資料。

孟子的名言，充分肯定了誅殺暴君和獨夫民賊的正義性、合理性，表現出對獨夫民賊的蔑視和憎恨，在中國古代思想史上產生了振聾發聵的作用，對後世許多著名思想家、政治家產生了重要影響。孟子的「誅一夫紂」思想，豐富了中華民族反抗強暴、嚮往光明的優良傳統，從而具有積極的進步意義。

【故事】

這裡講的是商紂王暴虐無道而導致滅亡的故事。

商紂王是商代的最後一位君王，是中國歷史上一個臭名昭著的暴君。他即位後，迷戀酒色，縱欲無度，橫徵暴斂，聚斂民財，濫施酷刑，殺害無辜，嫉賢妒

孟府二門：孟府位於山東省濟寧市鄒城南關，孟廟西側，廟、府僅一街之隔，是孟子嫡系後裔居住的宅第。元文宗至順二年（1331）年，孟軻被封為「鄒國亞聖公」，孟府因此被稱為亞聖府。

能，寵信奸佞，使商王朝面臨的社會衝突日益尖銳，加速了商王朝的滅亡。

商紂王上台後，為了滿足自己窮奢極欲的糜爛生活，肆無忌憚地搜刮民脂民膏。他下令修建了一個方圓三里、高過千尺的鹿台。鹿台基礎用鵝卵石鋪底，上面用巨石雕刻猛獸作為柱子的基礎，有的用青銅鑄成細花密鏤的銅像，銅像背上馱著金絲丹漆的文梓木柱，柱子上方架起龍飛鳳舞的雕樑畫棟。牆壁裝飾著明珠白璧，到處都金碧輝煌。鹿台的宮室內住滿諸侯進獻的美女，貯藏著從各地搜刮來的珍石異寶。商紂王在鹿台的周圍還廣建苑囿，豢養著犬馬和奇禽異獸。紂王征伐有蘇氏時，得一美女妲己，如獲至寶，寵愛無比，對她言聽計從。商紂王終日攜帶妲己或在鹿台酒歌飲宴，或在曠野密林中走馬狩獵。

商紂為滿足自己的窮奢極欲，還把商的都城向南擴大到沫邑（今河南淇縣），向北擴大到邯鄲、沙丘（今河北平鄉東北），大肆興建離宮別館。他恣意享樂，嗜酒如命，終日與王公貴族們聚集在瓊宮瑤台，狂歡痛飲，通宵達旦。他還演出了一場遺臭萬年的「酒池肉林」醜劇。所謂「酒池」，就是在人工挖成的湖內倒滿美酒，人可在酒上划船，池中酒可供三千人狂歡而不竭；所謂「肉林」，就是把肉懸掛在樹上，人們伸手就可以取食。商紂和妲己聚眾取樂時，命令成群的男女赤身裸體在酒池肉林中奔逐嬉戲，縱情狂歡。商紂的窮奢極欲，達到了登峰造極的地步。

商紂王的窮奢極欲和荒淫無恥，把廣大百姓推入水深火熱之中，使百姓怨聲載道，諸侯眾叛親離。為鎮壓民眾的反抗，他設置了各種野蠻殘酷的刑罰，虐殺無辜，使人毛骨悚然。

有一種叫炮烙之法的酷刑，在銅柱上塗滿膏油，下面燃起熊熊炭火，讓那些所謂的「罪人」在銅柱上爬行，當忍受不了燙烙，罪人就掉入炭火堆中被活活燒死，其狀慘不忍睹。商紂王和妲己卻在一邊看著這一慘狀取樂，不時發出陣陣獰笑。

商紂王暴虐無道，殺人如麻。有一次，他和妲己看到一個懷孕的婦女腆著肚子行走。他猜懷的是女胎，妲己猜說是男胎。紂王說：「讓人剖開她的肚子一看就明白了。」就這樣，這位婦女慘遭殺害。

有一年冬天，紛紛揚揚的大雪接連下了幾天。紂王和妲己在鹿台上一邊圍著火爐取暖，一邊賞雪。這時，遠處有一老一少兩名農夫正擔著柴蹚水過河。那位年輕人過河時，兩腿凍得不停地發抖。到了對岸，便癱倒在地上顫慄不止，口中不斷發出陣陣呻吟聲。歇了好長時間，才挑起柴擔往前走。另一位鬚髮皆白的老人，躬著背，挑著柴，毫不猶豫地踏入冰冷的水中，唏哩嘩啦地蹚著水過了河，上岸後，穿上鞋，挑起柴擔往前走，一點沒有感到寒冷的樣子。

商紂王看到眼前的情景覺得很奇怪，便問妲己說：「妳看那個年輕人那麼怕冷，而那個老頭卻不怕冷，這是怎麼回事？」妲己說：「這有什麼奇怪的呢？那個年輕人是他父母年老得子，腿骨空虛缺少血髓，所以怕冷；那個老頭是他父母年壯時所生，腿骨裡充滿血髓，所以不怕冷。」妲己惡狠狠地又說：「你如果不信我說的話，派人砍斷他們的小腿骨，一看不就知道了嗎？」暴虐無道的商紂王聽後哈哈大笑，便派人將兩位農夫抓來，殘忍地砍斷了他們的小腿骨，觀察他們與一般人有什麼不同。

當時，在商代的方國中，周文王、九侯、鄂侯在諸侯中有很高的威望，被商王朝封為「三公」。九侯有一個漂亮的女兒被商紂王看中，被迫獻給商紂王。然而這個女孩子不喜歡商紂王的淫蕩暴虐，商紂王大怒，殺死她後，又殺了她的父親，用亂刀剁成了肉醬。鄂侯見紂王殺害無辜，便挺身而出，為九侯鳴不平，紂王大怒，殺害了鄂侯，並把他的肉一片一片地割下來，曬成肉乾。周文王聽到兩人慘死的消息，不寒而慄，傷心地嘆了口氣。紂王的心腹崇侯虎向紂王告密。紂王便把周文王抓起來，拘禁在羑里（今河南湯陰），進行百般折磨。為杜絕後患，紂王還把周文王的大兒子伯邑考押解到商都朝歌做人質，讓他為自己駕車。後來，商紂王殘忍地把伯邑考下湯鍋煮死做成肉羹，逼迫周文王喝下。商紂王竟喪盡天良地說：「誰說西伯（周文王）是聖賢？喝了用自己兒子的肉做成的羹還嘗不出滋味！」後經閎夭、散宜生等人的營救，周文王才倖免於難，後來成為西方的諸侯之長。

商紂王濫施酷刑，虐殺無辜，遭到許多有識之士的反對。紂王的異母哥哥微子勸諫說：「我們的祖先成湯仁愛百姓，然而你卻這樣昏庸殘暴，整天酗酒淫樂，弄得朝政腐朽污濁，官吏貪贓枉法，有罪的人洋洋得意，逍遙法外，無罪的人卻受盡冤枉。再這樣繼續下去，國家就難保了！」但紂王卻一意孤行。微子見屢諫不聽，便悄悄離去，躲了起來。紂王的叔伯兄弟箕子多次勸諫，均被拒絕。後來，紂王把箕子囚禁起來，罰他做奴隸。

紂王的叔父比干見微子、箕子的勸諫遭到拒絕，便感嘆說：「國君有了過失而不直言勸諫，聽之任之，這不是忠臣所應該做的。怕死而閉口不說，不能說他有勇氣，國君有過失就竭力勸諫，不從則死，這才是忠臣應該做的。」他抱著這一堅定信念，一連進諫三天不下朝。紂王責問他說：「你倚仗著什麼，竟然如此膽大妄為？」比干從容回答說：「修善行仁，靠的是做事正確。」

有一次，比干勸諫說：「天是為了百姓，才安排一個君主替民眾做主，並不是當了君主就可隨意虐待百姓。現在你無休止地橫徵暴斂，搜刮民財，百姓已經痛苦不堪了。你整天住在深宮，哪知百姓的痛苦？現在國家已經到了十分危險的地步，怎麼能隨隨便便地殺人？人心喪盡了，國家將要隨著滅亡。我們的先祖經過艱難的創業，才造成了商朝今日的地位。現在你將輕易地把國家葬送掉，怎能對得起祖先？」紂王聽後，惱羞成怒，斥責比干退出。

比干大義凜然地說：「你如果不肯改過，國家必然滅亡。我不能坐視國亡，非得你決心改過，我才能退出。」紂王聽後勃然大怒，惡狠狠地吼叫道：「照你這樣說來，我是一個昏君，你倒是一位聖人了。我聽說聖人的心是七竅玲瓏的，我倒要把你的心挖出來，看一看是不是這樣。」說罷，便令左右將比干拉出去開膛破肚。當劊子手將比干的一顆血淋淋的還在跳動的心獻給紂王驗視時，宮奴們都嚇得用手捂起雙眼，不敢正視。商紂王卻喪盡人性地大笑不止。

由於商紂王濫施酷刑，誅殺無辜，朝中的大臣們人人自危，惶惶不可終日，紛紛叛離而去。後來，連掌管文獻典籍和音樂的太師、少師也攜帶樂器逃跑了。這時，整個社會動盪不安，民不聊生，怨聲載道，商紂王面臨滅頂之災。

這時，周武王認為滅商時機已到，便於周成王十六年（前一〇二七年）率領大軍討伐商紂，四方的諸侯都雲集回應。周武王的伐商大軍浩浩蕩蕩，渡過黃河，在殷都附近的牧野（今河南淇縣西南）舉行誓師大會，列舉了商紂王的許多罪狀，鼓動軍隊要與商紂王決一死戰。當周武王的軍隊正面發動進攻時，商紂王臨時拼湊起來的商軍不願為他賣命，紛紛在陣前倒戈，調轉矛頭，殺向紂王。紂王見大勢已去，狼狽逃回朝歌，攜帶寶玉，逃上鹿台。當晚，便跳入火中，自焚而死。周武王率兵趕到，斬下紂王的頭顱，高懸在太白旗上，向天下宣告了商朝的滅亡。

商紂王暴虐無道而導致滅亡的故事，說明一切逆歷史潮流而動和與人民為敵的暴君，最終都會被釘在歷史的恥辱柱上。

我善養浩然之氣

【名言】

我善養吾浩然之氣。

——《公孫丑上》

【要義】

善養，善於培養。浩然之氣，是一種處於高尚道德境界所具有的無所畏懼的精神狀態，是使人無所畏懼的天地正氣。

周慎靚王三年（前三一八年），孟子第二次遊齊。有一天，孟子的學生公孫丑問道：「如果您擔任了齊國的卿相而得以推行自己的政治主張，即使成就了霸業或王業也毫不奇怪。假如這樣，您是否因個人的利害得失而心意動搖呢？」

孟子肯定地回答說：「不會！我四十歲以來，心意就不會動搖了。」公孫丑稱讚孟子超過了古代勇士孟賁。孟子回答說：做到這樣並不困難，告子雖不瞭解仁義大道，但他不動搖心意比我還早呢！孟子接著評述了古代各家培養剛勇之氣而不動搖心意的方法。

在孟子看來，北宮黝（黝音有）堅持的是匹夫之勇，孟賁堅持的是志氣之勇，曾子堅持的是具有堅定道德信念的義理之勇。換句話說，就是曾子的境界高於孟賁，孟賁又高於北宮黝。孟子讚揚曾子堅守正義的剛勇，這就突出強調了人內在符合正義無所畏懼的精神力量的作用。孟子遊歷諸侯，雖然歷經坎坷，但仍能堅持仁義，藐視權貴，無所畏懼，這種精神力量就是來源於曾子。

公孫丑聽了孟子對各家培養勇氣而不動搖心意方法的評論後，詢問孟子的擅長是什麼？孟子於是提出了「我善養吾浩然之氣」的名言。他接著論述了怎樣培養浩然之氣。

孟子的浩然之氣，是一種處於高尚道德境界所具有的無所畏懼的精神狀態。孟子論述了浩然之氣的形式、內容、作用和培養方法。就它的形式來看，它難以用語言表述，最宏大而充滿於天地四方，最剛強而不可屈撓；就它的內容來看，這種氣與仁義相配合，是人們道德行為的根本；就它的作用來看，人們具有了它，就會勇往直前，無所畏懼；缺乏了它，就會無所作為；培養浩然之氣的方法，是必須經過長期的道德修養，力行仁義，日積月累而形成的，而不是偶然的正義行為所能形成的。同時，培養浩然之氣，要順從自然規律，不能沽名釣譽和急於求成。孟子用生動、簡潔的語言闡述了揠苗助長的寓言，既描繪了宋國人的辛勞，又從宋人的兒子看到禾苗枯萎，而反襯出宋國人的勞而無功。寓言由記事而說理，指出：「天下不幫助禾苗生長的人是很少的。以為培養工作無益而放棄管理的人，就是種田不鋤草的懶漢。違背自然規律而幫助禾苗生長的人，就是拔苗的人。這種助長行為，不但沒有益處，反而傷害禾苗的生長。」孟子的說理，寓意深刻，令人回味無窮。孟子認為，經過正義的經常累積，水到渠成地培養出浩然之氣，就能成為「富貴不能淫，貧賤不能移，威武不能屈」的大丈夫。

孟子的浩然之氣，顯示了巍然屹立的人格之偉大和堅強。它至大至剛，充滿在天地四方，是個體人格精神美的表現。它是人內在的精神情操與外在形體的統一。人具有了浩然之氣，形體上就能把生死禍福置之度外而不動搖心意。

孟子的浩然之氣對後世產生了重要影響。無數的志士仁人，把孟子的浩然之氣當作反抗外侮、捍衛民族尊嚴的重要精神武器。他們面臨艱難危險而能剛直不阿，視死如歸，英勇捐軀，譜寫出一曲曲驚天動地、可歌可泣的正氣歌。

【故事】

下面講的是民族英雄文天祥崇尚浩然之氣而視死如歸的故事。

文天祥（一二三六～一二八三年），字履善，一字宋瑞，原名雲孫，號天祥，後以號為名。江西吉州廬陵（今吉安）人。出身於書香門第，宋寶祐四年（一二五六年）赴臨安應考，中了狀元。後補授承事郎、簽書寧海軍節度判官廳公事。但他未來得及上任，局勢就發生了突變。

蒙古在宋端平元年（一二三四年）滅亡金國之後，與南宋王朝形成了南北對峙的局面。宋咸淳十年（一二七四年）六月，元世祖忽必烈下令進攻南宋。不久，宋度宗死，年僅四歲的趙顯當了皇帝。主持朝政的太皇太后謝道清趕忙命令各地率領軍隊去臨安「勤王」。文天祥在贛州（今江西贛州）積極回應，召集了幾萬名義兵，朝廷提升文天祥任江西安撫使。

有一位朋友勸文天祥說：「你用烏合之眾去迎戰蒙古的精銳部隊，這就像驅趕羊群去和猛虎相鬥一樣，實在是凶多吉少，還是不去為好。」

文天祥說：「國家處於危難的關頭，怎能只考慮個人的利益而不顧國家安危呢？我決心犧牲自己的生命來保衛國家的安全。」文天祥率領軍隊去杭州後，積極請求與元軍作戰，並且親自去平江（今蘇州）前線作戰。由於孤立無援，失敗後又退回臨安。

宋德祐二年（一二七六年）一月，元軍逼近臨安，朝廷任命文天祥為右丞相，派往元營與敵人談判。他在敵營中慷慨陳詞，嚴厲駁斥敵人侵犯南宋的侵略行為，堅貞不屈，拒不投降，被敵人扣留。這年三月，元軍攻佔臨安，謝太后和皇帝被元軍俘虜，押去大都（今北京）。文天祥在被押往大都的途中，趁元軍防備不嚴而逃脫。他得到人民的援助，從海上南下，到達福州後，與張世傑、陸秀夫等聯合在一起，堅持抵抗元軍的戰鬥。

端宗景炎二年（一二七七年），文天祥進兵江西，接連打了幾次勝仗，收復了許多被元軍佔領的土地。但終因寡不敵眾，被元軍打敗後便退入廣東，堅持抵抗。次年，陸秀夫、張世傑擁立八歲的趙昺（昺音ㄅㄧㄥˇ）為皇帝，退到廣東新會縣崖山，作為最後的抗元據點。

這年冬天，文天祥在海豐北面的五嶺坡（今廣東海豐北），遭到元軍的突擊，文天祥被元軍俘虜。元軍將領張弘範逼迫文天祥寫信給張世傑，遭到拒絕。當船經過珠江口外的零丁洋時，文天祥感慨萬千，揮筆寫下著名的《過零丁洋》詩，記述了自己的坎坷經歷，抒發了以死殉國、堅貞不屈的情懷。這首詩說：「我通過科舉，外出做官為國出力，然而遭遇卻很淒慘，在荒涼冷落的戰爭環境裡，已經度過了四年。山河破碎得像被風吹散的柳絮一樣，自己的一生動盪得像被雨打的浮萍那樣。我雖然曾在惶恐灘頭驚恐害怕，在零丁洋中嘆息零丁，但人生自古以來誰都不免一死，我願留下忠貞的事蹟和紅心，光輝永遠照耀著史冊。」

宋帝昺祥興二年（一二七九年）二月，南宋與元軍的海軍在崖山決戰，南宋軍隊大敗。陸秀夫背著年幼的皇帝投海自盡，南宋王朝滅亡。十月，文天祥被押到元朝大都，關押在兵馬司衙門院內的監獄中。這是一間狹窄、陰暗、潮濕的土牢，北牆有一扇常年被鎖住的小門，門的右上角開了一個終年不見陽光的小窗。這間土牢，冬日寒風刺骨，滿室冰霜；夏日充滿腥臊污穢之氣，群蠅亂飛，蚊叮蟲噬，臭味撲鼻，人不堪居。

文天祥身戴枷鎖，受盡各種殘酷的虐待和摧殘。元統治者用盡各種手段對他軟硬兼施，勸他投降。文天祥懷著忠貞報國的堅定志向，誓不降元。

有一天，元朝統治者派遣已經投降的宋朝丞相留夢炎和恭帝趙顯，勸說文天祥投降。文天祥嚴厲斥責了他們賣國求榮的可恥行徑，揭露了他們厚顏無恥的醜惡嘴臉。有一次，元丞相孛羅親自審問文天祥，文天祥凜然站立，拒不下跪。孛羅要文天祥回話，文天祥說：「殺了我罷了，何必多說話！」元朝統治者一計不成，又變換新的手法，把文天祥的妻子和女兒押往大都，讓她們寫信勸文天祥投降，動搖他的意志。文天祥毫不動搖，不肯因私情而忘掉民族大義。最後，元世祖忽必烈親自出馬，用高官厚祿引誘文天祥投降。文天祥堅定不移地說：「宋朝已經滅亡，我應當趕快以死報國，除了一死之外，沒有什麼可做的。」文天祥始終堅貞不屈，於至元二十年（一二八三年）一月九日在大都英勇就義。

文天祥在獄中的時候，把被俘後寫的若干詩篇編成《指南錄》，抒發了自己堅貞不屈、視死如歸的高風亮節和情懷。他說：「孔子說犧牲自己的生命以成全仁，孟子說犧牲自己的生命而取義，只有竭盡了義，才能達到仁的最高境界。讀了聖賢的書，就要堅持仁義，這樣才能無愧於心。」其中，著名的《正氣歌》撼天地，泣鬼神，表現出寧死不屈的高尚民族氣節。他說：「天地之間有一股正氣，分別賦予萬事萬物。在下能形成高山大河，在上能成為日月星辰；它給予人的是浩然之氣和剛毅正直的意志，充滿在天地之間。當天下太平的時期，具有浩然正氣的人在朝廷中發揮著他們的才能；在危急的關頭，表現出高尚的氣節而永遠載入史冊。」文天祥極力讚揚歷史上張良、蘇武、管寧、諸葛亮等英雄人物英勇不屈、堅持氣節、清正廉潔、慷慨犧牲的高尚品質和節操，認為人具有了貫通日月的浩然正氣，便能把生與死置之度外，天地都依靠浩然正氣的支撐，這股正氣是真理和道德的根本。

他在詩中還記述了在獄中備受折磨而堅定不移的志向：「縱使把我放在沸騰的鼎裡烹煮，也會感到像喝糖漿似的求之不得，陰暗潮濕的監獄，是我安樂的地方。我心地光明像晴空中飄浮的白雲，古代傑出的人物是我學習的榜樣，只要翻開書本，古代傳統的美德就在我面前照耀。」

儘管文天祥的忠君報國具有時代的侷限性，但他不畏強暴、堅貞不屈的大丈夫氣概和堅守浩然正氣的高尚氣節，恰恰是中華民族偉大精神的體現。

文天祥英勇不屈的故事，說明人一旦具有了孟子名言中所提出的浩然之氣，就會視死如歸，一往無前。

以德服人，心悅誠服

【名言】

以力服人者，非心服也，力不贍也；以德服人者，中心悅而誠服也，如七十子之服孔子也。

——《公孫丑上》

【要義】

以力服人，倚仗實力使人服從。不贍，不足。以德服人，依靠道德使人服從。孔子，中國儒家學派的創始人，中國古代著名的思想家、教育家。

在治國、平天下問題上，孟子尊崇王道，貶斥霸道。他把實行仁政、重視道德教化而統一天下稱為「王道」，把假借仁義之名、倚恃武力征服別人稱為「霸道」。在孟子看來，仁政、王道、德政的內涵是基本相同的。他指出：「王道與霸道有著不同的基礎，倚仗武力然後假借仁義之名可以稱霸諸侯，稱霸諸侯一定憑藉國力的強大；依靠道德教化和實行仁政可以使天下歸服，這樣做不必以強大的國家為基礎。商湯僅僅依靠方圓七十里的土地，周文王依靠方圓一百里的土地，施行仁政，從而使天下的人歸服。」孟子進一步論述了王道與霸道的不同功效，於是提出了上述名言。它的意思是說，倚恃實力強大而使別人服從的，別人內心裡並不服從；別人只是由於自己力量的不足，不得不暫時地屈服；依靠道德教化和仁政使別人服從的，別人會心悅誠服，就像孔子的七十二位弟子擁戴孔子一樣。

在孟子看來，王道的作用是長久的、內在的，霸道的作用是暫時的、外在的。王道能獲得民心，使人心悅誠服；霸道以武力服人，別人不得不暫時屈服。孟子的王霸之辨對後世產生了重要影響。漢代統治者把王、霸當作鞏固統治的兩手策略。宋代的儒學將王、霸納入理學體系，從而使王霸之辨在中國歷史上延續了一千多年。

【故事】

這裡講的是諸葛亮以德降服孟獲的故事。

蜀國後主劉禪繼位之後不久，南蠻王孟獲便帶領十萬蠻兵，不斷侵掠蜀國邊境，諸葛亮於蜀建興三年（二二五年）親自帶領川兵五十萬前去征討。趙雲、魏延為大將，率馬岱、馬謖、王平、張翼等長驅直入攻向南中。

孟獲是南中的酋長。他英勇善戰，為人俠義，在南人中很有威望。他聽說蜀兵南下就率兵迎戰，這會兒遠遠看見蜀兵，隊伍交錯，旗幟雜亂，心裡就想：「人們都說諸葛丞相用兵如神，看來太言過其實了。」孟獲衝出陣去，對方王平迎戰。沒有幾個回合，王平回頭就跑，孟獲放膽追殺，一口氣就追趕了二十多里。忽然喊聲四起，左有張嶷，右有張翼，截斷了退路。南兵大敗，孟獲死命衝出重圍，前面又有一隊軍馬攔住去路，原來是大將趙雲。孟獲早已聽說趙雲的厲害，慌忙帶領幾十個騎兵逃進山谷。前邊路狹山陡，後邊追兵漸近，孟獲只得丟下馬匹爬山。忽然又是一陣鼓聲，原來諸葛亮早就調查了這一帶地形，派魏延帶領五百人在這兒埋伏，結果不費吹灰之力就活捉了孟獲。

孟獲被押至帳中，諸葛亮問：「現在你被我活捉了，你心服嗎？」孟獲說：「我是因為山路狹陡才被捉住的，怎麼能服呢？」諸葛亮道：「你既然不服，我放你回去如何？」孟獲答得倒也乾脆：「你要是放了我，我重整兵馬，和你決一雌雄，那時再當了俘虜，我就服了。」諸葛亮立即讓人給孟獲解開綁繩，酒肉招待以後，放出營帳。

諸葛亮放了孟獲，眾將領都不理解，問諸葛亮說：「孟獲是蠻兵的首領，擒住他南方才能平定，丞相為何把他放了？」

諸葛亮笑著說：「我要想抓他，如同探囊取物，但只有降了他的心，他才不會再反。」

諸將領都不相信諸葛軍師能讓孟獲從心裡歸順。

孟獲回寨後，重整軍馬，準備再戰。他手下的兩個洞主曾被俘虜後放回，這次孟獲派他倆迎戰，但他們又打了敗仗。孟獲說他倆是故意用敗陣來報答諸葛亮，把他們痛打了一百軍棍。這兩人一怒之下，帶了一百多名放回來的南兵，衝進孟獲的營帳，把喝醉了的孟獲牢牢綁住，獻給了諸葛亮。

諸葛亮笑著對孟獲說：「你曾經說過，再當俘虜就服了，現在還有什麼話說？」孟獲振振有詞道：「這不是你的能耐，是我手下人自相殘殺，怎麼能讓我心服呢？」諸葛亮胸有成竹地說：「好吧！我再放你一次。」孟獲說：「我雖然是蠻人，但也懂得兵法，如果丞相真的放我，我一定和你決一勝負。要是再當了俘虜，就傾心吐膽地投降。」諸葛亮命令刀斧手給孟獲鬆了綁，帶他出營觀看蜀軍如山的糧草和明亮的刀槍。孟獲則一邊走，一邊注意各個營寨的位置和情況。參觀完後，諸葛亮親自為他送行。

孟獲回到本寨，對弟弟孟優說：「我已經知道了蜀營的虛實，現在可以一舉打垮蜀軍了！」兩人當下定了一個計謀。

次日，孟優帶著一百多名南兵，抬著許多金銀珠寶來到了諸葛亮的大營。孟優見了諸葛亮，一拜再拜地說：「我哥哥感謝丞相不殺之恩，讓我先送上這些寶貝，作為勞軍之用，哥哥去銀坑山收拾寶貝，明天就送來，獻給天子。」諸葛亮見孟優的隨從一個個身強力壯，知是詐降而來，當下殺牛宰羊，設宴款待，並利用藥酒將他們全都迷倒在地。當晚，孟獲把南兵分為三隊，前來劫寨，他原以為諸葛亮沒有防備，又有孟優做內應，肯定可以活捉諸葛亮。誰知這早就在諸葛亮的意料之中，孟獲再次陷入諸葛亮的圈套，第三次當了俘虜。

諸葛亮笑著對孟獲說：「這回服了嗎？」孟獲仍然不服地說：「這是因為我弟弟貪杯誤了我的大事，怎能心服？」諸葛亮說：「那就再放你回去！」說罷，把孟獲兄弟連同所有的兵將全部放回。

諸葛亮統領大軍，渡過瀘水，在河南岸建起大營，等待南兵。果然，孟獲帶領十萬蠻兵，氣勢洶洶地殺來。諸葛亮見南兵狂惡氣盛，下令回營堅守，不准出戰；同時派趙雲、魏延帶兵從下游繞到孟獲後方。幾天後，諸葛亮故意丟下大營，退回瀘水北岸。孟優指著空寨裡的無數糧草對孟獲說：「諸葛亮一向詭計多端，這次又怕有計。」孟獲卻自以為是地說：「諸葛亮丟下輜重匆匆而去，必是蜀中有緊急事情。昨晚他的寨中虛設燈火，定是怕我知道他要撤軍而來攻打他，我們快去追趕，千萬不要錯過機會。」

這天晚上，狂風大作，蜀軍突然回馬殺到蠻營兵營前，蠻兵毫無準備，驚慌失措，自相衝突。孟獲急忙帶領親信兵丁往後撤退，卻被趙雲攔住。此時，北、西、南三處都是火光，孟獲只得向東逃跑，身邊就剩下幾十個人了。剛剛轉過山中，只見前面一片茂密的樹林，幾十個蜀兵簇擁著一輛四輪小車從林中出來，諸葛亮端坐車上，哈哈大笑，說道：「蠻王孟獲，大敗至此，我已等候多時了！」

孟獲聽了大怒，一馬當先，向諸葛亮的車子衝去，只聽「喀嚓」一聲，孟獲連人帶馬一起掉入陷阱，第四次被捉。

這次諸葛亮一反往常，生氣地說：「你這回又被我活捉住了，還有什麼理說！」孟獲說：「我是誤中你的奸計，死也不服！」諸葛亮大聲喝令「砍頭！」刀斧手推出孟獲，孟獲滿臉氣憤，毫不害怕，還回過頭來說：「你要是敢再放我一回，我一定能報四次失敗之仇！」諸葛亮哈哈大笑，命令刀斧手解綁，就在帳中用酒食招待，然後把孟獲放了。

孟獲四度被擒，知道了諸葛亮的厲害，就和弟弟商量，到偏遠險要的山洞中躲了起來，心想：蜀兵受不了這一帶的炎熱濕氣，日子一長，必然撤退。他哪裡想到，諸葛亮依靠投降的南兵引路，步步逼近了山洞。

孟獲正準備拚一死戰，部下來報，相鄰洞主楊鋒帶領三萬兵來助戰。孟獲高興地把楊鋒及其五個強悍的兒子請進洞中，並設席款待。酒到半酣，楊鋒讓隨身跟來的蠻女跳舞助興。酒正酣中，楊鋒的兩個兒子分別上前給孟獲、孟優敬酒。只聽楊鋒大喝一聲，兩個兒子已經捉住了孟獲。原來，楊鋒和兒子們也被諸葛亮捉過，他們很感謝諸葛亮的活命之恩，便設計擒住孟獲，獻給諸葛亮。

諸葛亮再次問道：「這是第五次被捉，這回你心服了吧？」孟獲說：「這不是你的本事，只要你放我，我回到祖居的銀坑山，你要是在那裡捉住我，我們子子孫孫一定心服！」諸葛亮像過去一樣，又把孟獲放了。

孟獲連夜奔回銀坑山，召集了本宗族的一千多人，又向鄰山鄰洞請了幾萬援軍，再次與蜀軍交鋒，又吃了幾個敗仗，最後連老巢銀坑山也被蜀軍佔了。諸葛亮立即下令分兵緝擒奔逃在外的孟獲。孟獲實在沒了辦法，就讓自己的妻弟率眾把他綁送蜀營，說是妻弟勸孟獲，孟獲不聽，被捉來獻給丞相。

諸葛亮等他們進帳後，立即下令，兩人捉一個，全部拿下，然後一一搜身，果然人人都貼身藏著武器，想伺機行動。諸葛亮問孟獲：「你這回可是在家被捉，該心服了吧？」孟獲說：「這是我自己來送死，當然不服。」諸葛亮說：「我捉了你六次，還是不服。你想讓我擒你幾次呀？」孟獲說：「七次！要是第七次被擒，我才傾心歸服。」諸葛亮道：「下次再被擒住，若再狡賴，必不輕饒。」孟獲等人抱頭鼠竄而去。

孟獲家破兵敗，只得向鄰近的烏戈洞主借藤甲兵。原來這藤甲是用油反覆浸泡、晾曬幾十遍，又硬又滑，刀箭難入。藤甲軍共有三萬人，十分厲害。諸葛亮調查清楚後，一場火攻，把那油浸的藤甲燒了個精光，孟獲第七次當了俘虜。

這回諸葛亮也不和孟獲說話，只是給他解了綁，送到鄰帳飲酒壓驚，然後派人對孟獲說：「丞相不好意思見你了，讓我放你回去，準備再戰。」孟獲聽了這話，雙眼流淚，對左右說：「七擒七縱，自古未有，我要是再不感謝丞相的恩德，可就太沒有羞恥心了。」說完來到諸葛亮面前，跪倒在地，說道：「丞相天威，南人永不造反。」諸葛亮問道：「你果真服了嗎？」孟獲哭著說：「我們子子孫孫都感謝丞相再生之恩，怎麼能不心服呢！」於是，諸葛亮請孟獲入帳，擺下酒宴，慶賀民族的友好。諸葛亮當場封孟獲永遠為南人洞主，蜀兵佔領之地全部歸還。

諸葛亮任命孟獲做了蜀國的官，管理南方各部族；他以下的官職也都讓當地人擔任。有人說這樣恐怕不行，不留下人鎮守，恐怕還會出事。諸葛亮不贊成他們的看法，對他們說：「留下人就是留軍隊，反而會讓本地人起疑心。現在我一不派官，二不運糧，只定個大體的制度，讓他們自己管自己，各族百姓才能平安相處。」

諸葛亮把這些事情安排好了，就下令回成都。孟獲他們送了一程又一程，還拿出金銀財寶、丹砂、生漆、耕牛、戰馬送給蜀國。諸葛亮吩咐留下很多糧食、藥品。自此以後，南方各部族也都注意發展農業了，生活開始安定下來。

諸葛亮以德降服孟獲的故事，再一次證實了孟子「以德服人者，中心悅而誠服也」的名言。

禍福無不自求

【名言】

禍福無不自己求之者。

——《公孫丑上》

【要義】

禍福，災禍幸福。求，尋求。

孟子向齊宣王宣傳仁政主張時，首先把是否實行仁政與榮辱聯繫起來，認為國君如能實行仁政，就會得到榮耀；反之，就會遭受屈辱。孟子指出：「人人都具有喜好榮耀、厭惡屈辱的心理，但僅僅具備這一心理還是不夠的，必須採取各種有力的措施，才能達到目的。當今的國君，雖然厭惡屈辱，卻全不實行仁義，這就像厭惡潮濕而仍然處在低窪的地方一樣。

要改變這種狀況，就應該在厭惡屈辱心理的基礎上，崇尚仁義道德，尊重士人，讓有德行的人具有官職，有才能的人具有相應的職務。這樣，有德行的人擔任官職，就能匡正國君而形成良好的社會風俗；有才能的人具有相應的職務，就能治理好國家政事。國家沒有內憂外患，正是大有作為的好時機。趁此修明政治法典，努力使國家強盛，即使強大的鄰國也會畏懼它。《詩經》說：『趁著天沒下雨雲沒起，桑樹根上剝些皮，門窗全部都修理。下面的人們，誰敢把我欺！』孔子說：『作這首詩的人，很懂得道理呀！能治理好國家的人，哪一個敢欺侮他呢？』」

孟子在正面闡述的基礎上，又從反面論述說：「現在國家雖然沒有內憂外患，但國君卻怠惰追求逸樂，縱欲偷安，這等於自己

孟府大堂：大堂高大寬敞，堂前簷下正中懸掛著清雍正皇帝手書欽賜孟子第六十五代孫孟衍泰「七篇貽矩」堂匾，龍邊金字，熠熠生輝。門兩側簷下廊柱上，懸掛著隸書金字抱柱楹聯。

尋求禍害。」透過上述正反論述，孟子提出了「禍福無不自己求之者」的名言。就是說，災禍或幸福沒有不是自己尋求而來的。這一名言，強調發揮人的主觀能動作用，告誡人們只有積極努力，奮發向上，加強道德修養，才能趨福避禍，這對激勵人們積極進取，防患於未然，具有深刻的啟示作用。

【故事】

下面講的是後趙暴君石虎殘害百姓而自取滅亡的故事。

從永興元年（三〇四年）劉淵起兵反晉稱漢王起，至太延五年（四三九年）北魏統一北方止的一百三十五年間，各族統治者先後在中國北方和巴蜀地區建立政權，史稱「十六國」。其中後趙政權的第三代君主石虎（？～三四九年），是中國歷史上一位臭名昭著的暴君。

石虎窮奢極欲，勞役繁興，大興土木，營造宮室，對人民造成沉重的勞役負擔。他在襄國興建太武殿的同時，在鄴城修建東、西宮。太武殿的殿基高達二十八尺，長六十五步，寬七十五步，用帶有美麗花紋的石塊砌成。在太武殿的下面，營造了地下室，內置衛士五百人。

太武殿用各種珠寶裝飾得金碧輝煌，比秦始皇的阿房宮和魯恭王的靈光殿還華麗。殿內的設置皆為天下奇寶。殿中擺有白玉床，上置流蘇帳，帳頂安有純金製成的蓮花一朵，閃閃發光。在太武殿的西邊營建的昆華殿，其華麗可與太武殿相媲美。石虎還在顯陽殿之後又營建了九座宮殿，強選民女萬餘人以充內宮。

後趙建武二年（三三六年），石虎為了裝飾鄴城，令牙門將張彌將洛陽的鐘虡（虡音ㄐㄩˋ，古代懸掛鐘磬的架子。橫架為筍，直架為虡）、九龍、翁仲、銅駝、飛廉等器物運到鄴城。在運輸途中，有一個鐘虡沒入黃河裡，張彌就招募了三百名識水性的人潛入河底，在鐘虡上繫上竹繩，用一百多頭勁牛和許多架轆轤將鐘虡拉出，又就地打造了可裝萬斛的大船，將這些相生運過黃河。然後，又造了特大的車子，才將這些器物艱難地運到鄴城。光這項運輸就不知耗去百姓多少血汗。

石虎還把曹操於建安十五年到十八年（二一〇～二一三年）在鄴城西北隅修建的銅雀台、金虎台和冰井台進行了重修。據記載，曹操所建的三台以城牆為基礎，銅雀台高十丈，有屋一百二十間；金虎台有屋一百三十間；冰井台上有三座冰室，以閣道相通。我們從《銅雀台賦》中可以瞭解到當時銅雀台的壯觀景象，而金虎台、冰井台在銅雀台之上，更是高聳入雲。

石虎在銅雀台上營造了五層樓閣，距地面三百七十尺，樓閣周圍有房屋一百二十間，屋內設置女監和女伎多人。三台的正中建有正殿，殿內置御床，床上掛著蜀錦流蘇紋帳。帳的四角，上安純金龍頭，口含五色流蘇，下置純金銀鏤孔香爐，爐內香煙繚繞。帳頂安金蓮花，花中懸掛著用金箔織成的囊，內盛高級香料三升，異香撲鼻。帳外亦掛香囊十二個。

每到石虎大宴之時，床上床下各排列著衣著華麗、容貌非凡的女子三十人助興。銅雀台上還挖有兩口深井，壁裝鐵製通道。井內藏各種財寶和衣物以防不虞。

又在台上修建了銅雀樓，頂高一丈五層，飛簷挑角如同飛鳥。將金虎台改為金鳳台，上置金鳳一隻。在冰井台上修建房屋一百四十間，中有冰室，室內有深達十五丈的冰井數口。冰井中藏有冰、石墨（煤）、糧食和鹽。三台相距各八十步，以閣道和雲橋相連，橋上置有屏風，上繪雲氣龍虎圖案。如遇特殊情況，斷掉雲橋，三台就各自獨立，易守難攻。

鄴城的三個南門，石虎也進行了重修。其中的西鳳陽門高達二十五丈，六層樓閣皆反宇向陽，下開城門兩孔。城樓頂上安置一隻高達一丈六尺的銅鳳凰。城樓白牆朱柱，富麗堂皇。在鄴城南面七、八里的地方，便可遙遙望見雲霧環繞中的鳳陽門城樓。

石虎的生活奢侈程度超過了歷代的任何一位君王。

在鄴城西三里，有石虎所營建的桑梓苑，苑內臨漳水修建了許多座豪華的宮殿，以美女充之。苑內養有各種珍禽異獸。石虎經常到此遊玩宴飲。

從襄國至鄴城的二百里途中，每隔四十里建一行宮，每宮有一名夫人和數十名侍婢居住，由黃門官守門。這二百里途中大小殿台行宮總達四十餘所，石虎往返於襄、鄴時遊樂於各宮。

石虎所營建的浴室更是獨出心裁。在金華殿後面修建的皇后浴室，門窗為木雕鏤孔圖案組成，石虎和皇后在此洗浴。

每年春天，在這裡用精工製造的九龍吐水浴太子之像。太武殿前還建有「溝水浴」設施。以石溝引河水至太武殿前，溝中間隔六、七步分別裝置銅籠疏、葛、紗將水過濾，濾過的水緩緩流入可容十斛水的玉盤裡，石虎攜皇后在玉盤中洗浴。玉盤之下安一銅龜，洗過的穢水由玉盤流進銅龜口中，然後由龜之尾部再流出建春門。顯陽殿後面的浴室中修有大水池，池邊設有石床，洗浴時躺在石床上，水自然流到浴者身上。

石虎處理政事時，與皇后同坐在高高的樓觀上面，用五色紙書寫詔書，然後放在一隻由木頭雕成，外施漆畫、金腿的鳳凰口中。「鳳凰」是繫在轆轤牽引的繩子上的。下詔時，侍人搖動轆轤，「鳳凰」從觀上飛翔而下，眾大臣在下面跪列接詔。每隔不久，石虎就要大會群臣，他頭戴通天冠，身佩玉璽，循周禮的規定禮樂一番，然後觀看雜技表演。當時表演的雜技節目有頂桿、戲車、馬戲等。大殿前設置金龍，口吐美酒佳釀，下有可容五斛的白龍樽承接，供石虎和群臣飲用。殿堂上，懸掛著大鐵燈一百二十盞；燈下，數千名宮女陪著石虎觀看表演，她們頭上的金銀佩飾在燈光的照耀下灼灼閃光。殿外的平閣上，三十部鼓吹同時演奏，鼓樂震天，數百名舞婦在琴瑟的伴奏下翩翩起舞，場面十分壯觀。

石虎強奪了民女萬餘人充滿內宮，郡縣的官吏為了選美女，搶民妻達數千人。對石虎的這種禽獸行為，百姓無不切齒痛恨，反抗的怒火燃遍了荊、楚、揚、徐各州。

馳騁射獵是石虎的嗜好，後來身體肥胖無法乘馬，就改乘獵輦。他的獵輦裝有豪華的華蓋羽葆，由二十人推行，座下有轉軸裝置，可根據獵物所在的方向任意轉動。出獵時，石虎頭戴金縷織成的合歡帽，下穿合歡袴，手挽硬弓，坐在獵輦之上。身後緊跟著轅長三丈、高一丈八尺的獵車千乘，立有兩層三級行樓的格獸車四十餘乘。為了行獵，石虎將黃河以北的大片良田劃為獵區，派御史來監察，如有在裡面捕獸者，處在大辟之刑。御史趁機敲詐百姓，掠奪民女和牛馬財物，有不從者就被扣上獵獸之罪處死。

石虎暴虐無道，殘害百姓，政苛刑酷，心如蛇蠍。他的殘暴統治激起了廣大民眾的反抗。在各地人民起義的烽火中，這個暴君結束了自己罪惡的一生。石虎追求逸樂、暴虐百姓而導致滅亡的史實，再次證實了孟子「禍福無不自己求之者」的名言所揭示的深刻道理。

聞過則喜

【名言】

子路，人告之以有過，則喜；禹聞善言，則拜。

——《公孫丑上》

【要義】

子路，春秋末年魯國人，孔子的著名弟子，他喜好武勇，性格戇直，處事果敢直爽，以擅長政事而著稱。過，過失。

在道德修養上，孟子主張君子要聞過則喜，聞過則改。

有一天，他在向學生們讚揚古代聖賢的高尚品質時提出了上述名言，認為喜好武勇、性格戇直、處事果敢的子路，當別人指出他的缺點時，便興高采烈。大禹聽到了善言，就高興地向別人致敬。

孟子列舉的古代賢人聞過則喜、勇於改過、不諱疾忌醫的優良品質，既是孟子對中華民族優良傳統的概括和總結，又反映了他對高尚道德境界的追求。在中華民族的歷史上，凡是為人類做出貢獻的思想家和有志之士，在道德修養上無不聞過則喜，勇於改過。孟子讚揚古人的優良品質，對批評那種文過飾非、諱疾忌醫等不良行為，具有積極的借鑑作用。

【故事】

中國古代許多賢人都有聞過則喜、勇於改過的故事，被後人傳為佳話。

孟府大堂前懸掛之「七篇貽矩」堂匾。

宋朝有一個人叫申顏，他有一個很要好的朋友叫侯無可。這個侯無可為人處事特別耿直，對待朋友也是一樣。凡是申顏有什麼不對之處，就直截了當地指出來，毫不避諱。申顏心裡非常感動。他曾經感嘆說：「我一天也不能沒有侯無可。」

有人問他為什麼這樣說，他回答說：「侯無可能指出我的過失，一天見不到他，我就不知道自己的過失在什麼地方。」

明代涂時相在評論申顏時指出：「這就是古代的人特別喜歡耿直的朋友，很願意從朋友那裡聽到自己的過失在什麼地方的原因。俗話說：『人非聖賢，孰能無過？』只要能有一兩個知心而又正直的親密朋友經常和自己在一起，朋友就能隨時分辨自己言語行動中的是與非，進而提醒規勸。只有這樣互相磨練切磋，相互鼓勵，才可使自己不陷入不仁不義的境地之中。這就是一天也不能沒有耿直朋友的原因。」

申顏聞過則喜的故事與孟子讚揚的子路聞過則喜、大禹善於接受別人的正確意見是一脈相承的。

天時、地利、人和

【名言】

天時不如地利，地利不如人和。

——《公孫丑下》

【要義】

天時，指是否有利於戰爭的陰晴寒暑等自然條件。地利，指高城深池、山川險阻等地理條件。人和，指人心所向的內部團結。

戰國中期，許多諸侯大國為了擴大疆域，稱霸諸侯，展開了激烈的外交爭鬥，競相任用長於權變、縱橫捭闔、舌如利刃、善於辭令的謀策之士；同時，又展開了激烈的兼併征伐，大肆掠奪別國的人口、土地和財富，戰爭日益激烈、頻繁，造成了殺人盈城、殺人盈野的局面。怎樣才能取得戰爭的勝利？這是當時的許多思想家、政治家及各國當權者都必須回答的現實問題。孟子在論述上述問題時，透過總結歷史與現實的經驗教訓，提出了「天時不如地利，地利不如人和」的著名主張。他透過對天時、地利、人和三個條件的比較，認為在戰爭中有利的自然條件不如有利的地理條件，有利的地理條件不如人心所向的內部團結，這就強調了戰爭勝負的關鍵在於民心向背。

在戰爭勝負問題上，孟子透過對戰爭雙方天時、地利、人和等條件的比較，認為天時不如地利，地利不如人和。當然，這只是在三者相比較的意義上而言的，並不是否認天時、地利的自然條件和地理條件。孟子認為，戰爭的勝負不僅在於天時、地利等自然、地理條件的對比，而且更重要的在於民心所向的內部團結。孟子的這一思想，初步意識到人民力量的巨大，在中國歷史上具有積極的進步意義。

【故事】

這裡講的是朱元璋與陳友諒在鄱陽湖大戰的故事。

元朝末年，爆發了大規模的農民大起義，各地掀起了推翻蒙古貴族和地主階級殘暴統治的武裝爭鬥。經過多年戰爭，起義軍有的失敗了，有的發展壯大後成為地方割據勢力。在長江流域中下游地區，有兩支力量最強的軍隊，一支是陳友諒的，一支是朱元璋的。這兩支軍隊一方面各自進行反元戰爭，另一方面互相也有摩擦。陳友諒本來是農民起義領袖徐壽輝的部下，他陰謀殺害了徐壽輝，篡奪了這支農民隊伍的領導權，自立為王，國號大漢。為了獨霸江南，他一心想消滅朱元璋。朱元璋認為不消滅陳友諒等與他為敵的南方割據勢力，就不能鞏固他的根據地，不能集中力量出兵北伐，把反元戰爭進行到底，從而建立起統治全國的政權。因此，這兩支軍隊不斷地互相攻打。至正二十三年（一三六三年），朱元璋和陳友諒進行了一場大戰——鄱陽湖之戰。

陳友諒佔據著現在的江西、湖南、湖北三省的全部地區，他仗著兵多將廣，實力雄厚，決定沿長江東下，並且約集佔據著江蘇東南面的張士誠合攻應天（今南京），企圖一舉消滅朱元璋。朱元璋以應天為根據地，佔據著現在的江蘇、安徽、浙江三省的部分地區，力量也是一天天發展壯大。經過幾場戰鬥，朱元璋的地盤一天天擴大，陳友諒的地盤一天天縮小，形勢的發展愈來愈有利於朱元璋而不利於陳友諒。陳友諒非常氣憤，決心要消滅朱元璋。他徵調大批鐵工木匠，重新建造大型戰艦數百艘。這些船高數丈，分上中下三層，每層都有走馬棚，船身刷上紅油漆。最大的戰艦可容一千多人，小的也可以乘載幾百人。至正二十三年（一三六三年），陳友諒出動全部軍隊，號稱六十萬，帶著家屬和文武百官，浩浩蕩蕩向洪都（今江西南昌）進發。

陳友諒軍到達洪都，登岸圍城。洪都守將朱文正派兵分門拒守。陳友諒命令將士們拚命攻城，把城牆攻破了一個二十多丈長的大缺口。守將鄧愈命令士兵用火銃擊退敵軍，連夜在缺口外邊立上木柵，掩護築城，只一夜工夫就把城牆築好了。陳友諒軍用盡攻城的方法，朱文正也用盡防禦的方法，戰鬥進行得十分激烈，雙方傷亡都很慘重。洪都攻防戰，一直打了八十五天。直到這年七月，朱元璋親自率領二十萬大軍來救，進到湖口，陳友諒才不得不從洪都撤圍，把大軍開到鄱陽湖去迎戰。

陳友諒軍隊人數眾多，水軍船艦又高又大，在兵力上仍然處於優勢。面對著這樣的強敵，朱元璋把水軍分為十一隊，每隊都配備火銃、長弓、大弩。作戰的時候，先發火銃，再射箭，最後是白刃廝殺。朱元璋部下的大將徐達首先率軍出戰，擊敗了陳友諒的先鋒部隊，殺死一千五百人，繳獲一艘大型戰艦，勝利回營，朱軍士氣更加旺盛。在一次戰鬥裡，陳友諒的勇將張定邊衝到朱元璋乘坐的戰艦面前。由於水淺，朱元璋的戰艦擱淺了，動彈不得。牙將韓成為了保護朱元璋脫險，自己穿戴好朱元璋的衣帽，跳入水中。敵軍以為朱元璋已經投水，就放鬆了圍攻。朱元璋的大將常遇春一箭射中張定邊，敵軍戰船才開始後退。趁著江水漲潮，朱元璋的戰艦才駛離了險地。

在戰鬥進行中，朱元璋看出陳友諒軍聯舟佈陣、動作不靈的弱點，決定採納部將郭興的建議，用火攻來戰勝敵人。朱元璋命令水軍準備火炮、火銃、火箭、火蒺藜等各種火器，只等發動進攻的時候，將這些火器同時發射，焚燒敵軍的大艦。又命令準備一批火攻用的小

船，載上蘆葦，中間裝進火藥，周圍排列身披甲冑、手拿武器的草人，加以偽裝。再在各條船的船梢上繫一隻輕快小船，準備點火之後乘小船撤走。一切都準備妥當了，黃昏時候起了大東北風。朱元璋命令敢死士駕上七條火攻小船，衝向陳友諒的船隊，乘風點火，發起火攻。七條小船像七條火龍，竄進敵軍船隊；同時，朱元璋的水軍也一齊發射各種火器，把敵軍的大小戰船都燒著了。火借風威，風助火勢，濃煙瀰漫，烈焰騰空，把鄱陽湖湖水都照得通紅。陳友諒軍被燒死、淹死的無數，被俘的、投降的人數就更多。朱元璋命令不許殺害俘虜，對受傷的要給予治療，然後把他們全部放回。這樣，又爭取了不少陳友諒軍的將領和士卒，包括陳友諒的侍衛長，左、右金吾將軍，都前來投降了。

從戰爭開始到結束，朱元璋一直親自指揮將

士，堅持戰鬥，雖然身邊的衛士都戰死了，但他仍然不肯後退一步。又經過幾次激烈的戰鬥，朱軍控制了湖口，陳友諒軍一敗再敗，並且糧食已經吃光，實在打不下去了。陳友諒見大勢已去，只好帶著殘兵敗將從湖口突圍，不料在突圍的時候被飛箭射死。張定邊用船裝上陳友諒的屍首，和太子陳理一起，連夜逃回武昌。第二天，陳友諒的副丞相陳榮等收集全部殘餘水軍五萬多人，向朱元璋投降。鄱陽湖之戰，以朱勝陳敗結束了。

鄱陽湖之戰，是朱、陳兩軍決定生死存亡的大會戰，朱元璋最後取得了完全勝利，為他平定江南奠定了基礎，也為他進一步北上滅元和最終統一中國做了必要的準備。

這次戰後，在一次軍事會議上，朱元璋分析了雙方勝敗的原因，他說：「天時不如地利，地利不如人和，歸根到底，打仗要靠人。陳友諒雖然人多船多，但是內部不團結，人各一心，上下猜疑，而且連年用兵，老是打敗仗，不會蓄積力量，不善於捕捉有利戰機，所以最後失敗了。我軍所以能夠取得勝利，是因為既掌握了時機，又能將士一心，得了人和，因此鄱陽湖之戰，就像鷙鳥捉雞，使陳友諒『巢卵俱覆』。」

在鄱陽湖之戰中，順乎時代潮流和內部團結一致的朱元璋軍隊戰勝了分裂割據、上下猜疑的陳友諒軍隊，從而證實了孟子「天時不如地利，地利不如人和」的論斷。

得道多助，失道寡助

【名言】

得道者多助，失道者寡助。

——《公孫丑下》

【要義】

得道，意思是指得治國之道，即指實行仁政。失道，不實行仁政。寡助，幫助的人少。

我國古代發生的戰爭不計其數。春秋之前曾發生了商湯伐葛、武王伐紂等著名戰爭。春秋時代，諸侯爭霸，列國紛爭，政治、外交不能解決的衝突，往往訴諸武力，利用戰爭解決爭奪霸權的問題。據統計，《左傳》記述的軍事行動和戰爭總計有四百八十多起。戰國時代，諸侯相互兼併、掠奪的戰爭也日益頻繁，造成了「殺人盈城」、「殺人盈野」的局面。

孟子目睹了當時的殘酷戰爭對人民造成的嚴重災難，透過總結歷史經驗教訓，強調民心向背關係到戰爭勝負，於是提出了上述名言。

在孟子看來，實行仁政的人，幫助他的人就多；不實行仁政的人，幫助他的人就少。幫助的人少到極點時，連親戚都會反對他；幫助的人多到極點時，全天下的人都會順從他。如果用全天下都順從的力量去攻打連親戚都反對的人，那麼，仁君聖主或者不採用戰爭手段，如果採用，必定會取得勝利。由此，孟子就肯定了民眾向背決定戰爭的勝負。這是孟子德治思想的一個重要方面。秦漢以後，許多思想家、政治家在論述戰爭勝負的原因時，大都繼承了孟子的上述思想，從而豐富了古代的戰爭理論。

【故事】

下面講的是田單用火牛陣反擊燕國侵略的故事。

周慎靚王五年（前三一六年），燕王噲把王位禪讓給丞相子之，引起燕國內亂。周赧王元年（前三一四年），齊宣王趁機派匡章率兵攻燕，僅用了五十天就攻佔了燕國都城。由於齊軍對燕國的蹂躪，引起了燕國人民強烈的反抗，再加上各國對齊國的干涉，齊國被迫撤兵。趙武靈王護送燕公子職回國即位，是為燕昭王。

燕昭王即位後，為了報齊國武裝干涉之仇，決心改革政治，在易山（今河北易縣）旁邊蓋了一座高台，裡面堆著黃金，作為招攬人才的費用，這座台就叫做黃金台。當時不少有才幹的人應招到了燕國。有從齊國來的鄒衍，從趙國來的劇辛，從衛國來的屈庸，其中要算從魏國來的樂毅最受重用。

樂毅是趙國人，為魏國名將樂羊的後代，是戰國後期著名的軍事家。樂毅到燕國後，幫助燕國訓練軍隊，使燕國的軍事力量日益強大起來。

燕國君臣奮發圖強，經過二十八年的努力，使得國家殷富，士兵作戰勇猛。周赧王三十一年（前二八四年），燕聯合三晉、秦、楚大舉伐齊，在濟西大敗齊軍。當齊軍在西線失敗後，燕昭王派樂毅率兵，出其不意，攻其無備，向齊國的北線猛烈進攻。燕軍長驅直入，攻佔了齊的國都臨淄。燕昭王親自跑到濟水來慰勞將士，把昌國城（今山東淄川東北）封給樂毅，稱他為昌國君。接著樂毅不到半年就攻下了齊國七十多座城，齊國只剩下莒（今山東莒縣）和即墨（今山東平度）兩座城。齊湣王逃到莒，被楚國的大將淖齒所殺。

正當齊國處在千鈞一髮之際，齊國出現了一位卓越的軍事家——田單，擔負起了復國的重擔，大擺火牛陣，向燕國展開了猛烈的進攻，在歷史上留下了光輝的一頁。

田單是齊國王族的遠房親屬。齊湣王的時候，他在國都臨淄做過小官，沒有人賞識他的才能。燕攻佔齊臨淄前，田單叫人把車軸兩端長出的部分截去，又用鐵皮包在軸頭上。城被燕國人攻破後，城內的人爭著逃命，路上擁擠不堪。好些人都因為車軸頭被擠斷，輪盤脫落，弄得車子不能行動，被燕國軍隊俘虜了去。只有田單的族人，因為改裝了軸頭，車子沒有損壞，全部順利地逃到了即墨。

燕將樂毅率領大軍包圍即墨，即墨守城的長官與燕軍交戰而死。大家認為田單有軍事才能，於是一致推舉他指揮戰鬥，保衛即墨。田單成為即墨城的首領後，和部下同甘共苦，不分日夜地親自巡城，受到全城人民的信任和擁戴。

田單一方面加強城防的守備，另一方面派人到燕國偵察敵方的情況。他聽說燕昭王死後，昭王的兒子惠王繼承了王位。惠王跟樂毅原來就有摩擦，互不信任。於是田單便實行反間計，派間諜去燕國散佈消息說：「齊王已經死了，齊國的城池沒有被燕國大軍攻下的，只不過兩座而已。樂毅現在以伐齊為名，其實是想聯合齊國的殘兵敗將，在那裡稱王。只是齊國人民不肯歸順他，所以他才不急於攻下即墨，為的是等待時機成熟。現在齊國人擔心的，就是怕燕國改派別的大將來，要是這樣，即墨城就要馬上完蛋了。」燕惠王聽了，覺得很有道理，便信以為真，就另派騎劫去代替樂毅。樂毅被革職之後，懼怕被燕惠王殺害，回家鄉趙國去了。樂毅是個好統帥，士兵們都為此忿忿不平。騎劫是個無能的將領，由於他代替樂毅為大將，使燕軍的軍心動搖了。

田單用反間計去掉樂毅後，進一步展開鼓舞士氣的工作。他用迷信的形式，在軍隊裡挑選一個機靈的士兵，叫他假裝「神師」。以後每逢下令，田單總是非常恭敬地請這位「神師」

出來，說是出於天神的教導。齊軍士兵聽說有天兵天神下凡幫助，都非常高興；反之燕軍聽到這個消息，以為齊軍得到了天神的幫助，都非常害怕。

接著，田單又把這樣的話傳揚出去：「我們最害怕的就是燕國人割掉齊國俘虜的鼻子，把他們趕在隊伍的前面，來跟我們作戰。這樣一來，即墨城裡就會人心渙散，再也守不住了。」騎劫是個愚蠢的傢伙，聽了這些話，以為這樣做就可以攻下即墨，於是便割掉了俘虜的鼻子，這就激怒了即墨人民，大家盡力堅守，唯恐被敵人俘虜過去。

田單又差人混進燕國軍隊鼓動說：「我們擔心燕軍發掘城外的祖墳，侮辱我們的祖先。要是你們這樣做，即墨城裡的人一定傷心害怕，不願死守了。」騎劫聽到後，又上當受騙，下令燕軍盡挖齊人的祖墳，焚燒齊人祖先的屍骨。即墨的人民在城頭上看到這種情景，都十分悲憤，號啕大哭，痛心疾首，紛紛要求出城與燕軍拚命，大夥的鬥志又比以前提高了。

田單見到士氣高漲，知道可以死戰，就親自拿著築牆和掘土的工具，跟大夥一起修城挖壕；又把自己的妻妾和親人都編到隊伍裡，並親自分發酒肉，犒勞將士，與士兵同甘共苦，取得廣大士兵和人民的信任、擁護。

決戰前夕，他命令穿著鐵甲的精壯兵士暗中埋伏，叫老弱殘兵和婦女站在城頭上守城，並派出使者假意向燕軍投降。燕軍圍城已經三年多了，十分厭倦，現在看到齊軍要投降了，一齊歡呼起來，這樣燕軍鬥志鬆懈，心理麻痹了。隨後，田單又以重金作為禮物，要即墨的財主去送給燕軍將領，說：「即墨快投降了，大軍進城之後，請保全我們的家小。」燕軍將領見了這麼多黃金，滿心歡喜，一口答應下來。燕國軍隊滿以為即墨即將投降，因而對即墨城的包圍和監視更加鬆懈了。

田單用各種辦法麻痹敵人，自己卻在即墨城裡積極做戰鬥準備。他把城裡的一千多頭牛集中起來，做了大紅色的絲綢外套，披在牛身上，絲綢上用各種顏色畫上像龍身上一樣的斑紋，在牛角上縛上銳利的尖刀，牛的尾巴都紮上浸透油脂的蘆葦。他叫人預先在牆根鑿了幾十個洞，趁著黑夜，用火點燃牛尾巴上的蘆葦，把火牛放出去，五千精壯的戰士緊跟在火牛後面，城內齊國的軍隊擂起戰鼓，那些牛因為尾巴在燃燒，痛不可忍，拚命狂奔，向燕軍陣地直衝過去。

燕國軍隊在黑夜裡毫無防備，只聽得鼓聲咚咚，眼見紅光一片，殺聲震天，連忙倉皇應戰。在濃煙和閃光之中，燕軍看見大批「怪物」身上長著像龍一樣的斑紋，頭上長著利刀，身後一團烈火，猛衝過來，燕軍碰上牠們的，非死即傷，都嚇得魂飛魄散。

齊國五千精壯士兵，趁機衝殺過去，猛擊敵人，即墨城的老百姓也大聲吶喊，緊跟著衝上去，就是那些老弱婦孺也敲打著各種銅器，喊聲夾著鼓聲和銅器聲，震天動地。燕軍不知所措，以為遇到了天兵天將，紛紛奪路逃跑，大敗而歸。主將騎劫在混戰中被齊軍殺死。齊軍趁勝追擊，勢如破竹。被佔領的齊國地區的人民紛紛起來響應，配合田單軍隊攔擊燕軍。

齊軍把敵人完全驅逐出國境，取得了輝煌的勝利，七十多座城池全都收復了。

田單以火牛陣出奇制勝地破燕之戰，是戰國時期很著名的戰爭。田單能夠知己知彼，在敵強我弱的形勢下，善於利用敵人的矛盾和弱點，養精蓄銳，團結群眾，壯大自己的力量，制定正確的戰略方針，得到齊國人民的支持擁護，打敗了強敵，這在我國軍事史上是一個光輝的範例，田單不愧為一位優秀的軍事家。反之，燕國軍隊殘害齊軍俘虜，挖掘齊國的祖墳，焚燒齊人祖先的屍骨，激起了齊國百姓的無比憤怒，遭到齊國人民的反抗，結果陷入失敗。

田單率領齊國軍民反擊燕國的侵略，得到了廣大民眾的支持擁護，因而取得了收復國土的勝利，這進一步證實了「得道者多助，失道者寡助」的名言所揭示的深刻哲理。

有為之君，必有不召之臣

【名言】

故將大有為之君，必有所不召之臣；欲有謀焉，則就之。

——《公孫丑下》

【要義】

不召之臣，不能隨便召喚的臣子。謀，謀劃、商量。就，接近、靠近。

周慎靚王三年（前三一八年），孟子第二次出遊齊國。孟子利用各種機會反覆向齊宣王宣傳仁政主張，齊宣王受到了一定的鼓舞。但是，齊宣王一心想稱霸諸侯，征服天下，對孟子的仁政主張逐漸失去了往日的興趣，因而對孟子表現出冷淡之情。

大約周慎靚王五年（前三一六年），有一天孟子準備去拜見齊宣王，恰巧齊王派人來傳話：「我本應該來看望你，但因感冒生病不能如願。如果你肯來朝，我將臨朝會見你。」孟子對齊王的這種行為十分反感，憤而稱病，索性打消了拜見齊王的計畫。

第二天，孟子毫不顧忌地到東郭氏家弔喪。公孫丑不理解地問：「昨天您託辭稱病謝絕齊王的召見，今天又去弔喪，這樣不好吧？」

孟子說：「昨天生病，今天痊癒了，為什麼不能去弔喪呢？」

這時，齊王派人和大夫來探視孟子的病情。孟仲子十分著急，擔心孟子不答應召見會引起齊王的震怒，便處處為孟子周旋，謊稱孟子已去朝廷，不知是否已經到達。他接著又派人在孟子回家的路上攔截孟子，讓孟子千萬不要回家，並趕快到朝廷去。孟子弔喪返回，無可奈何，只好躲到齊國大夫景丑的家中歇宿。

孟子把事情的經過告訴了景丑氏。景丑氏批評說：「家庭中的父與子，社會中的君與臣，是人與人之間最重要的倫理關係。父子之間以慈愛為主，君臣之間以恭敬為主。我看到齊王很尊重你，卻沒有發現你尊敬齊王。」

待孟子闡釋了什麼是真正的恭敬國君後，景丑氏又認為，國君召見時，不等待馬車駕好就應趕快赴朝。孟子本來要去朝見齊王，聽到國君的召見後反而不去了，這與《禮經》的規定大概不相符吧？

為了回答景丑氏的責問，孟子指出：曾子曾說：「晉國、楚國的財富，我們是無法比擬的。但他們擁有的是財富，我擁有的是仁；他們倚仗的是高高在上的爵位，我依靠的是道義。那樣，我有什麼怨恨不平的呢？」

現在天下公認為尊貴的東西是爵位、年齡和道德，齊宣王怎能憑爵位而輕視我的年齡和道德呢？在此基礎上，孟子提出了上述名言。他認為，大有作為的君主，一定有不可隨意召喚的臣子；如果有要事相商，就得親自去拜訪。君主如果不是這樣尊尚道德和樂行仁政，就不值得與他一起有所作為。

孟子為了增強自己立論的說服力，又列舉了歷史上商湯向伊尹學習、齊桓公向管仲學習的事例，認為國君應該先拜賢臣為師，然後才能與賢臣共同有所作為。

上述名言強調國君不能倚恃自己的富貴權勢而輕視賢人，而應當尊重道德，樂行仁政，禮賢下士，主張君子擁有的仁義節操高於諸侯的富貴權勢。為了追求正義和真理，君子應堅守正義，剛直不阿，從而表現了孟子堅守仁義、藐視權貴的大丈夫氣概。

【故事】

這裡講的是齊桓公尊重賢才而稱霸中原的故事。

春秋初年，鄭莊公一度稱「小霸」，但鄭國的國力畢竟有限。隨著齊、楚、晉等大國的興起，鄭國也就自然失去了中原小霸的地位。

孟子故居

當時的齊國雖是一個大國，但由於最初幾個國君的無能，國勢也並沒什麼起色。周桓王二十二年（前六九八年），齊襄公即位。齊襄公昏庸無能，喜怒無常。由於他的殘暴，齊國庶出的公子糾和小白相繼逃到別的諸侯國去避難。公子糾的母親是魯國人，大臣管仲和召忽跟隨他逃到魯國；公子小白則在大臣鮑叔牙的輔佐下逃到莒國。周莊王十一年（前六八六年），齊國連續發生兩次內亂，齊襄公死。齊國大夫高傒（傒音ㄒㄧ）與公子小白關係密切，就派人去莒國接他回國做國君。魯國得到消息後，也派軍隊護送公子糾回國搶奪國君位置，並派管仲率軍攔截從莒國來的公子小白。

管仲趕到莒國的邊境，正好撞上鮑叔牙和公子小白一行趕回齊國。當時各為其主，管仲暗中拿出弓箭，對準公子小白一箭射去。只聽見小白慘叫一聲，倒在車子裡。

管仲以為射中無疑，便派人向公子糾通報說小白已死。公子糾一行人聽說後就放慢行進速度，慢慢地向齊國前進，過了六天才趕到齊國首都臨淄。當他們來到臨淄城下，才知曉小白非但沒死，連點傷也沒有，已經當上了齊國國君。

其實，管仲那一箭只射中了小白衣服的帶鉤，沒有射傷小白，更沒有射死。小白大叫一聲，只是急中生智。正當公子糾一行慢悠悠地前進時，小白和鮑叔牙卻加快了速度，日夜兼程，所以趕在公子糾之前到達了臨淄。如今公子糾只好仰天長嘆！

公子小白即位後，號齊桓公。他迅速派兵去攻打護送公子糾回國的魯國軍隊，結果魯國軍隊大敗。連公子糾和管仲退回魯國的後路也被齊軍切斷了。

鮑叔牙寫信給魯莊公說：「公子糾是我們國君的兄弟，齊桓公不忍殺他，請魯國殺他吧！管仲是齊國國君的仇人，齊桓公要親自殺死他才解恨。如若不答應，齊國軍隊將要攻打魯國。」魯莊公見大勢已去，不願為公子糾火中取栗，只得殺掉公子糾，把管仲裝進囚車，押送到齊國。

齊桓公為什麼要把管仲要回齊國呢？原來這是鮑叔牙的主意。鮑叔牙是管仲的摯友，當時人以「管鮑之交」來比喻友情的真誠。鮑叔牙非常瞭解管仲，知道他是宰相之才。他聽說齊桓公準備殺管仲，就勸齊桓公道：「大王應當把目光放遠大一些。如果您只想治理好一個齊國，那麼有我和國氏、高氏協助您就夠了；如果您想稱霸天下，就非得有管仲不可。我聽說有魄力的君王都是豁達的，希望大王做到這一點。」齊桓公果然接受了鮑叔牙的意見。

鮑叔牙能夠不計較地位高下，把有才幹的管仲推薦給齊桓公，自己卻甘居其下；而齊桓公則從諫如流，大度開明，任用賢才。這些事歷史上一再為人稱道，並為仁君賢士所仿效。

管仲相齊後，協助齊桓公在經濟、內政和軍事三個方面進行改革，大大提高了齊國的整體國力。

在對人才的選拔上，管仲創造了「三選」制。規定各鄉中要把德才兼備的人推選到國家中，此為一選。這些人經有關部門一段時間的試用考核，優存劣汰，此為二選。國君再親自對他們進行考問審核，並交辦一些實際事務，合格者由國王任命為上卿的助手，此為三選。這樣做，人人用命，上下心服口服，杜絕了走後門的歪風，從而擴大了齊國統治的基礎，也使吏治清明，民風淳樸。

有一天，齊桓公躊躇滿志地對管仲說：「現在齊國糧足兵精，是不是可以會合諸侯，共同訂立一個盟約呢？」

管仲說：「我們齊國雖是兵精糧足，但要會合諸侯，還為時尚早，單靠齊國的旗幟還不足以號令天下。」齊桓公不安地問：「那怎麼辦？」他在政策上一直唯管仲是問，於是管仲出主意道：「用尊王攘夷的口號。尊王就是打著周王的旗號，攘夷就是驅逐夷、狄這些少數民族勢力。這樣名正言順，與各諸侯國的切身利益也有關，他們一定會支持的。」齊桓公聽了大快心意，覺得管仲看問題的確深透，換作是自己就想不出來。

管仲接下來說道：「當前有一個機會，可以使齊國稱霸的計畫早一步實現。周天子新即位，大王可選派一名使臣去洛邑朝賀，順便對周天子說，宋國目前內亂，新立國君位子不穩，國內不安定，請天子下令，明確宣佈宋國國君地位的合法性。大王拿著天子命令，糾合諸侯，平定宋國叛亂，誰敢反對？既不反對，大王就是霸主了嘛！」

事情發展果然如管仲所料，齊國使者一到洛邑，周釐王見了使者十分高興，他對齊桓公看得起他十分感激。至於說宣佈宋國國君地位，更顯得他周天子的「權威」，他何樂而不為呢？周釐王於是請齊桓公代替他去向宋國宣佈他的「旨意」。

周釐王元年（前六八一年），齊桓公約集諸侯國在齊國西南邊境的北杏開會。當時，齊國霸業未盛，故與會國只有宋、陳、蔡、邾（邾音ㄓㄨ）四國，加上齊國，一共是五個諸侯國。會議由齊國主盟，訂立了一個盟約：一、尊重天子，扶助王室；二、抵禦外族，不使之進入中原；三、幫助弱小和有困難的諸侯國。

北杏會議，標誌著齊桓公初步稱霸。之後，他又用周天子的命令為號召，先後打敗了魯、宋兩國，迫使兩國求和；周惠王二十一年（前六五六年）又征服了蔡國，並趁勝討伐鄭國。同年，齊桓公還邀集諸侯在首止（今河南睢縣）與周太子鄭相會，表示支持他，反對周惠王廢長立幼的決定。不久，周惠王病逝。齊桓公又幫助太子鄭即位，為周襄王。周襄王為酬謝齊桓公，周襄王元年（前六五一年）在葵丘（今河南蘭考）召集諸侯開會，把祭祀祖先的祭肉分送給齊桓公，以表示關係的密切。葵丘會議由齊桓公主盟，參加國有宋、魯、陳、衛、曹、鄭、許、楚等國，歷史上稱為「九合諸侯」。葵丘會盟標誌著齊桓公真正成為中原霸主。

從周莊王十二年（前六八五年）到周襄王九年（前六四三年）的四十三年裡，齊桓公經過不懈的努力，依靠管仲、鮑叔牙等賢臣的輔佐，逐漸把黃河中游的諸侯國聯合起來，援助弱小國家抵禦戎狄的侵犯。孔子極力稱讚管仲在輔佐齊桓公實現霸業的過程中發揮作用。齊桓公首霸中原，對保護中原文化不受破壞產生了重大作用。由於齊桓公稱霸，使各國結盟修好，戰爭減少，對社會生產力的發展產生了積極的推動作用。

齊桓公稱霸中原的故事告訴人們，只有尊重、任用賢才，才能有所作為和促進事業的發展。

古之君子，過則改之

【名言】

古之君子，過則改之。……其過也，如日月之食，民皆見之；及其更也，民皆仰之。

——《公孫丑下》

【要義】

過，過錯。日月之食，指日蝕、月蝕。更，改正。仰，抬頭觀看。

周赧王元年（前三一四年），齊國趁燕國內亂攻打、吞併了燕國。這次齊國討伐燕國的事件，加劇了孟子與齊宣王在仁政、戰爭問題上的分歧和衝突。齊吞併燕國後，秦、趙、魏等國想出兵援助燕國而攻打齊國。同年，趙國從韓國召回燕公子職，派樂池護送回燕國，立為燕昭王。燕昭王禮賢下士，安定了國內形勢，並率領百姓反抗齊國。齊宣王後悔沒聽孟子的忠告，對孟子感到非常慚愧。齊國大夫陳賈用聖人都有過失的言辭為齊王的錯誤曲為辯說，並向孟子解釋。陳賈會見孟子時，連續運用三個誘問，目的是迫使孟子承認周公也有過錯。但孟子畢竟是一位機敏的雄辯家，他不但沒有讓陳賈抓住把柄，反而痛斥陳為齊王的錯誤辯護的可恥行為，從而提出了上述名言。

他指出：古代的聖賢周公派管叔監督武庚，因兄弟情義而沒有預見到管叔叛亂。但周公發現管叔叛亂後便大義滅親，誅殺管叔，改正了錯誤。周公的做法像日食、月食那樣，天下的人都能看到；恢復光明的時候，天下的人都抬頭仰望，從而得到天下百姓的敬仰。然而現在的所謂君子，不僅將錯就錯，而且文過飾非，從而失去民心。孟子正反對比的論述，既突出顯示了古代聖賢有過則改的高尚品質，又暴露了獻媚取寵之徒將錯就錯、文過飾非的醜惡嘴臉，從而在讀者面前呈現出兩種截然相反的形象。

孟子對陳賈的批評，表現出孟子為堅持自己的志向、節操而不向權貴屈服的大丈夫氣概，同時，也給予了我們深刻的啟示：任何人都難免犯錯誤或過失，錯誤的大小決定了危害的程度。但問題的關鍵在於人們對待錯誤的態度。有錯則改，就能挽回錯誤所造成的損失和影響；堅持不改，文過飾非，就會在錯誤的道路上愈行愈遠，最終陷入泥潭而不可自拔。

【故事】

在中國歷史上，流傳著許多古人聞過則喜、有過則改的佳話。這裡講的是廉頗負荊請罪的故事。

周赧王三十二年（前二八三年），趙國使者藺相如不畏強暴，機智勇敢，保全了趙國的寶玉，完璧歸趙，出色完成了出使秦國的任務。回國後，趙王認為他是一位稱職的大夫，使趙國免受屈辱，於是封他為上大夫。

周赧王三十六年（前二七九年），秦王與趙王在澠池（今河南澠池）相會。藺相如機智勇敢，不畏強暴，與秦王針鋒相對，以牙還牙，以眼還眼，捍衛了趙國的利益和尊嚴，表現出高超的外交才能。

澠池之會後，趙王更加信任藺相如，拜他為相國，地位在大將廉頗之上。這可把廉頗氣壞了。他回到家裡，滿臉通紅，氣呼呼地對自己的門客們說：「我是趙國的大將，拚著命替趙國打仗，立下無數功勞！他只不過是一個宦官手下的人，就仗著一張嘴，有什麼了不起的？倒爬到我的頭上來了！有朝一日，他要碰在我的手裡，哼！就給他點顏色瞧瞧！」早有人把這話傳到藺相如的耳朵裡了。藺相如就裝病，不去上朝。就算有公事，也不跟廉頗見面。藺相如手下的人都說他膽小，三三兩兩地談論著，替他抱不平。

有一天，藺相如帶著一隊隨從出去，老遠就瞧見廉頗的車馬迎面過來。他連忙叫趕車的把車退到小巷裡去躲一躲，讓廉頗的車馬過去。這一來，可把他的門客和底下人都氣壞了。他們私下裡一商量，派幾個領頭的去見藺相如，對他說：「我們遠離家鄉，投奔在您的門下，還不是為了敬仰您嗎？如今您和廉頗同朝為官，地位又比他高，他罵了您，您卻怕他，在朝廷上不敢跟他見面，半途上碰見他，也這麼躲躲藏藏的，教我們怎麼受得了？要這麼下去，人家還要騎到我們脖子上來吶！我們的器量小，只好跟您告辭了！」

藺相如攔著他們，說：「諸位看廉將軍跟秦王哪一個勢力大？」他們說：「那當然是秦王的勢力大嘍。」藺相如說：「對呀！天下的諸侯，哪個不怕秦王？哪個敢反對他？可是為了保衛趙國，我就敢在秦國的朝堂上當面責備他。怎麼我見了廉將軍反倒會怕了呢？你們替我抱不平，難道我自己就無動於衷嗎？可是各位要知道，那樣強橫的秦國為什麼不敢來侵犯我們趙國呢？還不是為了我們同心協力地抵抗敵人嗎？要是兩隻老虎鬥起來，準是兩敗俱傷。秦國聽見之後，一定會趁機來侵犯趙國。因此，我寧願忍氣吞聲。你們想想：是國家要緊，還是私人要緊呢？」門客們聽了這番話，一肚子的氣全消了，自此之後，就更加佩服藺相如了。

後來藺相如的門客碰見了廉頗的門客，也都能夠體貼主人的心意，總是讓他們幾分。可是廉頗反倒愈來愈自高自大了。

這件事情被趙國的一位名士虞卿知道了。他告訴了趙惠文王，趙惠文王請他去調解。虞卿見了廉頗，先誇獎他的功勞。廉頗聽了，十分高興。虞卿接著說：「要論起功勞來，藺相如比不上將軍，要論起器量來，將軍可就比不上他了。」

廉頗一聽，又犯起他那蠻橫勁兒來了，說：「他有什麼器量？」虞卿就把藺相如對門客說的話說了一遍。廉頗當時臉就紅了，低著頭說：「我是個粗魯人。先生要不說，我還蒙在鼓裡呢！我太對不起他了！」

廉頗送走虞卿後，愈想心裡愈愧疚。於是裸露上身，背著荊條，登門向藺相如請罪說：「我是一個沒有見識、器量狹小的糊塗人，沒想到你竟能這樣寬恕我，你應該責打我啊！」藺相如也十分感動，親自把他扶了起來。

從此以後，兩人互相瞭解，互敬互讓，結成了生死與共的朋友。在整整十年之間，秦國不敢出兵攻打趙國。

孟府中的思孝堂

人之有道，教以人倫

【名言】

人之有道也，飽食、暖衣、逸居無而教，則近於禽獸。……教以人倫，父子有親，君臣有義，夫婦有別，長幼有敘，朋友有信。

——《滕文公上》

【要義】

人之有道，人之所以為人。近，接近、差不多。人倫，人與人之間的相互關係。親，骨肉親情。義，禮義之道。別，內外區別。敘，尊卑之序。信，誠信。

周顯王四十七年（前三二二年），孟子受滕文公的聘請而前往滕國。孟子在滕國期間，多次與滕文公問答，積極勸告滕文公實行仁政。孟子的一些仁政主張得到滕文公的採納，在諸侯國中造成了一定的影響。楚國的農家代表人物許行仰慕滕文公的仁政，率領十幾名弟子來到滕國。楚國儒生陳良的學生陳相和弟弟陳辛，也攜帶農具從宋國來到滕國。這兩派人都主張自食其力，身體力行。農家許行起初仰慕滕文公的仁政，後來逐漸產生了懷疑和不滿。他否定社會分工，主張國君應該與百姓共同耕種來供給生活，自己生火做飯，同時又治理國家。這一觀點，實際上是批評孟子在滕國宣傳的「沒有官吏，就無法管理百姓；沒有百姓，就無法養活官吏」的社會分工論。由此，孟子不得不接受農家的挑戰起而回擊。

為了論證實行社會分工的論點和批駁許行否定社會分工的觀點，孟子採用多層次反覆證明的方法，鋪敘描述了古聖先賢憂慮百姓、發展生產、安定社會、加強教化的功績。他指出：堯憂慮百姓苦難，選拔舜治理百姓。舜派大禹治理水患。后稷教導百姓種植莊稼，栽培穀物。穀物成熟了，便能養育百姓。在此基礎上，孟子提出了上述名言。它的意思是說，人之所以為人，吃飽穿暖住得安逸然而沒有教化和禮義，就會與禽獸的行為相近。堯舜又為此而憂慮，便派遣契做司徒官，用人際關係的根本道理和準則教化人們，使他們懂得父子要有骨肉之親，君臣要有禮義之道，夫妻親愛而有內外之別，長幼要有尊卑秩序，朋友要有誠信的友誼。

孟子的上述名言是為其闡述社會分工論說明的。在他看來，社會成員有的從事腦力勞動，即勞心者；有的從事體力勞動，即勞力者。兩者之間相互關聯，相互依存。孟子的社會分工論，既是促進社會進步和經濟發展的需要，又是治理社會的需要。它符合人類社會發展的必然趨勢，無疑有著積極的進步意義。

另一方面，上述名言強調了人之所以為人的重要特徵。在孟子看來，人與禽獸相區別的一個重要標準，就是具有仁義禮智道德觀念和君臣、父子、夫婦、兄弟、朋友等人際關係。人如果只滿足吃飽穿暖居住安逸的自然生理欲望而缺乏道德教化，就會與禽獸無別。在這裡，孟子從人與禽獸的區別上強調了人具有道德觀念和道德教化的重要性，無疑具有深刻的理論意義和實踐意義。在現代社會中，對加強社會成員的道德教育，具有深刻的啟示意義。

【故事】

下面講的是孔子加強教化而消除訴訟的故事。

孔子（前五五一～前四七九年），名丘，字仲尼，魯國陬（陬，音ㄗㄡ）邑（今山東曲阜）人，春秋末期的著名思想家、政治家、教育家，儒家學派的創始人。

周敬王二十年（前五〇〇年），孔子做了魯國的司寇。這時，發生了父子兩人打官司的事，孔子拘留了他們，三個月不審判，做父親的請求停止這樁官司，孔子釋放了他們。季孫聽到後很不高興，說：「這個老頭子欺騙我，他告訴我說：『一定要用孝來治理國家。』今天殺掉一個人用來警告那些不孝的人，你卻釋放了他們。」冉求將這話告訴孔子。孔子感嘆一聲說：「唉！在上的人不治理好政事，對下殺戮百姓，這怎麼行呢！不教化百姓而審判他們的官司，殺戮無罪的人。三軍作戰失敗，不能將他們都處死；監獄的事情沒有治理好，不能施以刑罰，罪過不在於百姓的緣故。法令鬆弛，而刑殺嚴厲，這是殘害的行為；現在萬物的生長有一定時節，在上位的人徵收賦稅而沒有限度，這是殘暴的行為；不教化他們而要求他們做事成功，這是虐待的行為。停止了這三項虐待百姓的事情，在此之後才能使用刑罰。《書經》說：『即使是正確的刑殺，也不要立即執行，我只是說自己沒有慎重地處理好事情。』這說的就是要先進行教化。」

所以先王陳述治國的原則，在上的君主首先實行它。如果不能實行，尊崇賢能的人來勸教君主；如果不能實行，罷免沒有才能的人用來警懼君主。這樣，最多不

宋李唐灸艾圖

超過三年，百姓就能順從教化。邪惡的人不順從教化，對他們施以刑罰，那麼他們就知道犯了罪。

《詩經》說：「尹氏大師，是周朝的根基，掌握著國家的權力，天下的人靠他維持，天子靠他輔佐，他使人民不迷惑。」因此，威力雖然厲害，但可以不用；擱置刑具不採用刑罰，就是說的這個道理吧！現在的社會卻不是這樣，擾亂教化，增加繁多的刑罰，使得百姓陷入迷惑而墮落，於是隨著再去制裁他們，因此刑罰愈繁多愈不能戰勝邪惡。三尺高的陡坡而不能空車行走，百仞之高的山任憑載重的車登攀，這是為什麼呢？這是因為山有從低到高的緩坡。幾仞高的牆，成人翻不過去，百仞高的大山，小孩卻能翻過去遊玩，這是由於從低到高的緩坡的緣故。現在的社會政令教化鬆弛而刑罰繁多的狀況由來已久，這樣怎能使百姓不犯法呢？《詩經》說：「大道像磨刀石一樣平坦，筆直得好像箭桿。這是君子所走的道路、小人所注視的方向。現在回頭看那平坦的大道已經蜿蜒起伏，眼淚不自覺地往下流。」這豈不悲哀嗎？《詩經》說：「仰望那明亮的日月，我的苦思長又長，道路迢迢漫無涯，何時他能回家來。」

孔子說：「如果施行教化，人們就會歸順他，即使道路很遠，他們會不來嗎？」

由於孔子注重道德教化，從而使魯國形成了父慈子孝的良好社會風尚。

枉己者，未有能直人者

【名言】

枉己者，未有能直人者也。

——《滕文公下》

【要義】

枉己，屈辱自己。直人，使別人正直。

孟子遊歷諸侯國，是為了宣傳、實行自己治國、平天下的主張。他有時主動地拜見諸侯，有時諸侯召見而不前往。孟子奉行的一個根本原則就是保持自己的志向、節操，反對枉曲自己而順從別人。

有一次在齊國時，學生陳代對孟子的行為感到不可理解，便詢問說：「您不肯輕易拜見諸侯，似乎是拘守小節吧！如果現在去拜見他們，得到實行自己主張的機會，大的可以成就王業，統一天下；小的可以成就霸業，稱霸中國。而且《志》書上曾說：『委曲一尺，就能伸長八尺。』似乎可以按照這樣的原則去做。」陳代的用意是勸說孟子小處委曲，以求得大的利益。

孟子引述歷史事例，闡述了君子要堅持志向、節操而不能枉己從人的主張。他說：「從前齊景公打獵時，用召喚大夫的旌旗去召喚管理園林的官吏。這位官吏不聽從召喚，齊景公十分惱怒，便下令誅殺他。孔子聽到這件事，便稱讚這位官吏說：『有志之士堅守節操，不怕死無葬身之地而棄屍山溝；勇敢的人見義而為不怕喪失生命。』孔子之所以稱讚他，就在於這位官吏拒不接受不合乎禮儀的召喚。如果不等候諸侯的禮聘就貿然前往，那就是不自重而失去節操。」孟子進一步分析了「枉尺直尋」的實質，指出：「所說枉尺直尋；純粹是從追逐私利而談的。如果只追逐私利，即使是枉曲了八尺而伸直一尺，也不是小利，難道就能去做嗎？」

孟子的反詰，告誡陳代不能因追逐私利而喪失人的節操。為了深入向陳代闡明這個道理，孟子又列舉了王良為趙簡子的寵幸小臣奚駕車打獵的故事，進一步評論和引申說：「駕車的人尚且把放棄準則而討好拙劣的射手當作恥辱，如果放棄禮儀準則而迎合射手，獵獲的禽獸縱使堆積如山，也是不能做的。如果我屈辱自己的志向而去順從諸侯，這究竟是為了什麼呢？」孟子直言不諱地批評陳代枉曲自己而順從別人的錯誤，最後提出了上述名言。就是說，自身不正直的人，是從來不能使別人正直的。

孟子繼承、發展了孔子關於不能首先端正自己、就不能端正別人的思想，強調保持士人的堅定志向、崇高氣節、高尚獨立自主的人格。他認為，君子拜見諸侯，是為了實現自己的主張和抱負，而不是追求富貴利祿。有志之士擁有的仁義節操和人格尊嚴，高於為政者擁有的富貴權勢。君子只有保持堅定的志向和節操，才能不屈辱自己而順從諸侯。孟子的名言，高揚了人的高尚氣節和人格尊嚴，在中華民族的歷史上，許多有志之士為了保持高尚獨立的人格，不畏權勢，剛直不阿，就是深受孟子思想的薰陶和影響。

【故事】

這裡講的是李白傲視權貴的故事。

李白（七〇一～七六二年），字太白，自號青蓮居士、酒仙翁，又號謫仙人，唐代著名的詩人。

李白聰明伶俐又勤奮好學，從小就閱讀了大量的書籍。到十歲的時候，便精通詩書音律，吟詩作文十分拿手，而且還練得一手好劍法，可以說是文武兼備。他的性格屬於豪放不拘的類型，喜歡結交朋友，常常把自己的錢拿出來，請朋友喝酒。酒席之間，李白與朋友們高談闊論，吟詩作賦，酣暢淋漓，經常大醉而歸。李白有一個時期居住在山東的徂徠（徂徠音 殂來）山，天天與孔巢父、韓準、張叔明、裴政、陶沔等五個人喝酒吟詩，笑談國事，被人們稱為「竹溪六逸」，就是六個曠達不羈的人。

從二十多歲起，李白為了增長見識，豐富閱歷，就到各地去觀光遊覽，廣交天下朋友。他從南到北，走過很多地方，不僅去過長安、洛陽、金陵、江都等當時的許多大城市，還去過洞庭、廬山、會稽等許多名山勝地。由於他知識淵博，見多歷廣，又加上過人的才智，因此寫出了很多膾炙人口、流傳千古的詩篇。

李白自小就抱負宏偉，志趣遠大。長大成人後，便進入一種道德高潔、精神不俗的境界。當時讀書人要想求取功名，都必須參加考試。可是李白並不滿意這種一步步往上爬的常規做法。在他的一生中，從來沒有去參加過一次考試。他十分自信，相信自己是國家的棟樑之才。李白常常把自己比作謝安，謝安是東晉時期著名的政治家、軍事家。他認為自己一定能像謝安那樣，為國家貢獻自己的才幹。

天寶元年（七四二年）正月，唐玄宗下詔，命令百官大臣推薦賢能之人。這時李白正好在京城長安。著名詩人賀知章向唐玄宗推薦啟奏，說是長安城新來了一位大詩人，名叫李白，是個天才，詩歌文章都作得十分出色。唐玄宗原來也聽說過李白的大名，自然一奏就准，便命賀知章快去帶李白來見他，要當面試試李白，是否真有才能。

李白聽說唐玄宗要見他，心裡很高興，以為自己施展才能的機會到了，就十分爽快地跟著賀知章進了宮。唐玄宗在殿裡接見了李白，問了些問題，談了一陣話，李白對答如流，出口成章，而且見解深刻，妙語如珠。唐玄宗聽得滿面春風，十分高興，當下就稱讚道：「你是個普通的讀書人，但連我都知道你的名字。今日一談，果然名不虛傳啊！」於是，唐玄宗就把李白留在翰林院，要李白專門為他起草詔書。

李白生性愛喝酒，而且一喝起來，不到酩酊大醉不放下酒杯。李白的許多詩作都是在酒席上或酒酣耳熱之後寫的。酒助詩興、詩賴酒發是李白寫詩的一個顯著特點。「李白斗酒詩百篇」的詩句，就是這一特點的真實寫照。所以人們都稱李白為「詩仙」，更是傳神地說明了李白以酒賦詩、飄忽瀟灑的獨特個性。進了翰林院，李白喝酒的習慣並未因此改變。一空下來，他便找些詩友到長安酒店裡去喝酒。

這時的唐玄宗已經六十出頭了，寵愛年輕貌美的楊貴妃。楊貴妃聰明伶俐，在音樂方面有較高的修養，深得唐玄宗的歡心。於是唐玄宗每天在楊貴妃的陪伴下，飲酒作樂，不理政事。他們一邊品嘗著美酒佳餚，一邊聽著樂師們演奏樂曲、歌妓們演唱歌詩。久而久之，就覺得膩了，想編些新曲新詞來聽。

這一天，唐玄宗叫樂工寫了一首新曲，需要填上歌詞，才可演奏演唱。想起了剛進翰林院不久的李白，就命太監去召李白進宮。太監得令去請，可是在翰林院，在李白家，都不見他的蹤影。有人告訴太監，李白上街喝酒去了。

太監十分著急，忙上大街去找。找遍了長安城，才在一家酒店找到了他。只聽李白鼾聲大作，伏在桌上睡著了。太監們使勁搖著李白肩膀，大聲吆喝：「快醒醒，皇上要見你。」李白睡意朦朧地站起身，揉揉眼睛，奇怪地看了看，又坐下睡著了。太監們見李白這個樣子，不由分說，便七手八腳把李白抬進轎，一路小跑，送到了宮裡。

進了宮，抬下轎來，李白仍是東倒西歪，身子根本不聽使喚，連向皇上必行的朝拜禮也沒法做。太監們見他醉得實在厲害，就端來一盆涼水，灑在李白臉上。李白這才慢慢清醒過來。唐玄宗是個愛才之人，又想聽李白寫的詩，心裡雖有些不痛快，也不便責怪什麼，就命太監備好筆硯，叫李白馬上把歌詞寫出來。

李白席地坐下，提起毛筆，忽然覺得靴子套在腳上，很不舒服。斜眼看去，只見宦官頭子高力士卑躬屈膝地站在一邊，就把腳往他跟前一伸，說：「把靴子給我脫掉！」這個高力士向來善於鑽營奉承，很得唐玄宗寵信，平日裡打著皇上的旗號，在宮廷裡耀武揚威，恣意橫行。李白哪裡看得慣這樣的卑鄙小人，早就想找個機會治治他。高力士見李白一個小小的翰林官，居然命自己為他脫靴，心裡又氣又惱。但唐玄宗在一旁等著李白寫歌詞，哪裡敢發作呢，只好裝出滿不在乎的樣子，就跪下來給李白脫掉靴子，口裡一邊自我解嘲地說：「酒醉成這樣，真沒辦法。」

李白脫了靴，就揮筆寫起來，根本不理睬高力士的自言自語。一陣筆走龍蛇，三首《清平調》歌詞就寫好了。唐玄宗拿過詞稿，吟讀起來，那雋秀的詞句，鮮明的節奏，使得唐玄宗龍心大悅，便讓樂工依曲演唱。

這時正是唐朝號稱盛世而亂世已在萌芽的時期。政治腐化，權臣弄奸，宮廷中的權貴過著極端荒淫奢侈的生活。官吏貪污成風，人民的生活卻日益貧困，生產力也漸趨衰落。李白看到皇帝只知遊樂，不顧國事，而自己不過是為他們享受服務的工具，心情更加沉重。李白絕不對皇帝、權貴做出奴顏婢膝的醜態，他在《夢遊天姥吟留別》中揮筆寫下了「安得摧眉折腰事權貴，使我不得開心顏」的著名詩句，抒發了自己藐視權貴如糞土、不枉己從人的高尚節操和情懷。

李白蔑視權貴，權貴也容不得李白。高力士等人排擠他，攻擊他，唐玄宗也看不慣他。李白清醒地看到自己和宮廷無緣，就主動向唐玄宗上書，要求離去。唐玄宗也不挽留，送了他一些錢，就讓他走了。天寶三年（七四四年）春，李白離開長安，重新浪跡天涯去過那種自由自在的生活去了。

李白不屈辱自己、傲視權貴的故事，表現出剛直不阿的大丈夫氣概，再次說明「枉己者，未有能直人者也」的深刻道理。

何為大丈夫

【名言】

富貴不能淫，貧賤不能移，威武不能屈，此之謂大丈夫。

——《滕文公下》

【要義】

淫，擾亂心意。移，改變節操。屈，挫折志向。大丈夫，指有獨立自主人格和有作為的男子漢。

戰國中期，各大諸侯國為擴大實力，稱霸諸侯，都紛紛拉攏別的國家和重視對外的策略和聯合。由此，在外交和軍事上產生了合縱、連橫運動。合縱就是許多弱國聯合起來抵抗一個強國，以防止強國的兼併；連橫就是由強國拉攏一些弱國來進攻另外一些弱國。各國諸侯競相任用一些隨機應變、善於揣摩、能言善辯、縱橫捭闔（捭闔音ㄅㄞˇ ㄏㄜˊ）的智能、善謀之士，在外交、軍事上展開了激烈的明爭暗鬥。這些縱橫之士，揣摩國君的心理，投其所好，唯命是從，提出奇策異謀，有時能夠左右政壇風雲，能使諸侯國轉危為安，化亡為存。當時，公孫衍主張合縱，張儀主張連橫。他們鼓吹依靠縱橫策略，大則可以稱霸諸侯，小則可以安定國家。縱橫家的計謀、策略雖產生了重要作用，但他們突出強調外力，過分誇大了計謀策略的作用。

學習縱橫之術的景春，十分崇尚公孫衍、張儀的煊赫功業。有一天，他對孟子說：「公孫衍、張儀難道不是真正的大丈夫嗎?他們發怒時，勸說諸侯相互攻伐而使諸侯恐懼；安靜下來，天下便會太平無事。」

孟子反詰說：「這種人怎能被稱做大丈夫呢？」

孟子的詰問，充滿了對公孫衍、張儀的鄙夷之情。接著，孟子又引述《禮》的規定，揭露了縱橫家的實質。他認為，公孫衍、張儀之流，阿諛苟容，竊取權勢，唯諸侯之命是從，遵循妾婦順從的原則，怎能是大丈夫的作為呢？

孟子接著說：「居心仁愛，是住在天下最寬敞的住宅；循規守禮，是站在天下最正確的位置；篤行守義，是走著天下最光明的道路。得志的時候，就與百姓共同遵循大道前進；不得志的時候，就獨自堅持、實行自己的原則、理想。」孟子進一步提出了「富貴不能淫，貧賤不能移，威武不能屈，此之謂大丈夫」的至理名言。就是說，富貴不能擾亂我的心意，貧賤不能改變我的節操，威武不能挫折我的志向，這種堅持仁義之道、保持獨立自主人格的人，才叫做大丈夫。

孟子闡述的「富貴不能淫，貧賤不能移，威武不能屈」的「大丈夫」精神，表現了他對個體精神價值的認知。這一大丈夫精神，顯示了一種藐視權貴的浩然正氣和凜然不可侵犯的獨立自主人格。這既是孟子堅守仁義節操的自我寫照，又是對中華民族不畏強暴、堅守正義、剛直不阿、英勇奮鬥等優良傳統的一定概括和總結。孟子高揚的大丈夫氣概，成為鼓舞人們為正義而英勇奮鬥的精神力量，對後代許多剛直不阿、忠貞不渝的志士仁人產生了積極的影響。

【故事】

這裡講的是完璧歸趙的故事。

戰國後期，魏、楚、齊各大國一個個地衰落下去了，唯獨經過趙武靈王改革後的趙國，還有相當的力量，成為秦的唯一勁敵，於是秦把進攻的矛頭指向趙國。兼併戰爭進入了秦、趙大戰的階段。

戰國後期趙國的強大，還與大將廉頗和丞相藺相如的忠誠相處、共同治國有很大的關係。這裡就從藺相如的完璧歸趙談起。

趙惠文王得到了世上稀有的楚國「和氏璧」。關於「和氏璧」的來歷，《韓非子・和氏璧》記載說，從前有個楚國人，名叫卞（卞音便）和，在荊山（今湖北南漳西）得到了一塊玉礦石，獻給楚厲王，厲王命令玉工檢驗，玉工說是石頭，楚厲王認為卞和欺騙他，判處他刖（刖音月）刑，砍掉了他的左腳。楚厲王死後，楚武王繼位，卞和又去獻璧，武王令玉工鑑定，玉工又說是一塊石頭，武王又砍掉了他的右腳。武王死，楚文王繼位，卞和不敢再獻，抱著玉礦石在荊山腳下痛哭了整整三天三夜，眼淚淌盡了，流出了鮮血。

楚文王聽到這個消息，派人去詢問他痛哭的緣故，說：「天下被砍掉腳的人很多啊！你為什麼哭得這麼悲傷呢？」卞和回答：「我不是因為被砍掉腳悲傷。我悲傷的是明明是塊珍奇的玉，卻被說成是石頭；明明是忠誠的人，卻說他是騙子，這是我悲傷的緣故啊！」文王於是把玉礦石交給玉工雕琢，果然是一塊寶璧，這塊璧就稱為「和氏璧」。

周赧王三十二年（前二八三年），秦昭襄王派使者帶著國書去見趙惠文王，說：「秦王情願拿出十五座城來換那塊『和氏璧』，希望趙王答應。」趙惠文王就跟大臣們商量。想要答應秦國，又怕上當；如果不答應，又怕得罪秦國。大夥兒計議了半天，還不能決定到底應當怎麼辦。趙惠文王問誰能當使者到秦國去，大臣們都低著頭不開口。

當時有個宦官對趙王說：「我有個門客叫藺相如，他是個挺有見識的謀士。我想，叫他上秦國去倒還合適。」趙惠文王把藺相如召上來，問道：「秦王拿十五座城來換取趙國的『和氏璧』，先生認為是答應好，還是不答應好？」藺相如說：「秦國強，我們弱，不能不答應。」趙惠文王接著又說：「要是把『和氏璧』送了去，得不到城，怎麼辦呢？」藺相如說：「秦國拿出十五座城來換一塊玉璧，這個價錢算夠高的了。趙國要是不答應，錯在趙國，大王把『和氏璧』送了去，要是秦國不交出城來，那麼錯在秦國了。臣認為，寧可教秦國承擔這個錯誤，我們可不能不講道理。」趙惠文王說：「先生能上秦國去一趟嗎？」藺相如說：「要是沒有可派的人，那我就去一趟。秦國交了城，我就把『和氏璧』留在秦國；要不然，我一定『完璧歸趙』。」趙惠文王就任藺相如為大夫，派他前往秦國。

藺相如帶著「和氏璧」到了咸陽。秦昭襄王聽說趙國送「和氏璧」來了，十分得意地坐在朝堂上讓使者去見他。藺相如恭恭敬敬地把「和氏璧」獻了上去。秦昭襄王接過來看了看，十分高興。他把「和氏璧」遞給左右，讓大夥兒傳著看，又交給後宮的美人瞧了一回。大臣們齊聲歡呼，都向秦昭襄王慶賀。

藺相如一個人冷冷清清地站在朝堂上等著，等了老大半天，也不見秦昭襄王提起交換城的事。他想：「秦王果然不是真心實意地拿城來交換。可是玉璧已經到了別人手裡，怎麼能再拿回來呢？」他急中生智，上前對秦昭襄王說：「這塊玉璧雖說挺好，可是有點小毛病，別人不容易瞧出來，讓我指給大王瞧一瞧。」秦昭襄王就叫手下的人把「和氏璧」遞給藺相如。

藺相如拿著「和氏璧」往後退了幾步，靠著朝堂上的大柱子，瞪著眼睛，十分生氣地對秦昭襄王說：「大王派使者到敝國送國書的時候，說是情願拿出十五座城來換這塊『和氏璧』。趙國的大臣們都說：『這是秦王騙人的話，千萬不能答應。』我反對說：『大國的君王哪能不講信義呢?可不能瞎猜疑。』趙王這才齋戒了五天，然後派我把『和氏璧』送了來。這是多麼鄭重的一回事！可是大王拿著『和氏璧』隨隨便便地叫左右傳著看，還送到後宮去給女人們玩弄，沒把它重視得像十五座城一樣。從這點看來，我知道大王並沒有交換的誠意。如今『和氏璧』在我的手裡。大王要是逼我的話，我寧可把我的腦袋和這塊玉璧在這根柱子上一同碰碎！」說話之間，他就拿起「和氏璧」來，對著柱子作勢要摔。

秦昭襄王連忙向他賠不是，說：「大夫別誤會了。我怎會說了不算呢？」他就叫大臣拿上地圖來，指著說：「從這兒到那兒，一共十五座城，全給趙國。」

藺相如一想：「可別再上他的當！」他就對秦昭襄王說：「好吧！不過趙王齋戒了五天，又在朝堂上舉行了一個很隆重的送玉璧的儀式。大王也應當齋戒五天，然後再舉行一個接受玉璧的儀式。要這麼鄭重其事地盡了禮，我才敢把『和氏璧』奉上。」秦昭襄王心想反正你跑不了，就說：「好！就這麼辦吧。咱們五天後舉行儀式。」他叫人把藺相如護送到賓館裡去歇息。

藺相如拿著那塊玉璧到了賓館。他琢磨著：「過了五天，仍然得不到那十五座城，怎麼辦呢？」他就叫一個手下扮成商人的模樣，把「和氏璧」包著藏在懷裡，悄悄地從小道跑回趙國去了。

過了五天，秦昭襄王召集了大臣們和幾個在咸陽的他國的使臣，大夥都來參加接受「和氏璧」的儀式。他想藉著這個因由來向各國誇耀誇耀。這時，朝堂上非常嚴肅，傳令官喊道：「請趙國的使臣上殿！」

藺相如不慌不忙地走上殿去，向著秦昭襄王行了禮。秦昭襄王見他空著兩隻手，就對他說：「我已經齋戒了五天，這會兒可以舉行接受玉璧的儀式吧。」

藺相如說：「秦國自從穆公以來，前後二十幾位君主，沒有一個講信義的。孟明視欺騙了晉國，商鞅欺騙了魏國，張儀欺騙了楚國……過去的事一件件都明擺著。我也怕受到欺騙，對不起趙王，已經把『和氏璧』送回趙國去了。請大王治我的罪吧！」

秦昭襄王聽了大發雷霆，嚷嚷著說：「我依了你齋戒五天，約定今天舉行儀式，你竟把『和氏璧』送回去了！是你欺騙了我，還是我欺騙了你？」於是氣呼呼地對左右說：「把他綁起來！」

藺相如面不改色地說：「請大王息怒，讓我把話說完了。天下諸侯都知道秦是強國，趙是弱國，天下只有強國欺負弱國，絕沒有弱國欺負強國的道理。大王真要那塊『和氏璧』的話，請先把那十五座城交割給趙國，然後派使者跟著我一塊到趙國去取那塊玉璧。趙國得到了十五座城之後，絕不會不顧信義，得罪大王的。好在各國的使者都在這兒，他們都知道是我得罪了大王，不是大王欺負了弱國的使臣。我的話說完了，請把我殺了吧。」

秦國的大臣們聽了這番話，你瞧著我，我瞧著你，都不作聲。各國的使者都替藺相如捏了一把冷汗。兩旁的武士正要去拿他，就聽到秦昭襄王喝住他們說：「不許動手！」回頭對藺相如說：「我怎能欺負先生呢？不過是一塊玉璧，我們不應該為了這件小事傷了兩國的和氣。」他很尊敬地招待了藺相如，讓他回去了。

秦昭襄王本來也不一定要得到「和氏璧」，只不過想藉著這件事試探趙國的態度和力量。藺相如「完璧歸趙」，既表現了趙國不甘屈服的決心，又表現出藺相如威武不屈的大丈夫氣概。

暴其民甚，則身弒國亡

【名言】

暴其民甚，則身弒國亡；不甚，則身危國削，名之曰「幽」、「厲」，雖孝子慈孫，百世不能改也。

——《離婁上》

【要義】

暴，欺凌、暴虐。甚，厲害。弒，古代指臣下無理地殺死君主和兒女無理地殺死父母。幽、厲，周朝末年的周幽王、周厲王。古代的帝王、貴族、大臣或其他有地位的人死後被加有褒貶意義的稱號，叫做諡（諡音ㄕˋ）。周幽王、周厲王施行暴政，拒納善言，任用奸臣，濫殺無辜，死後被加以「幽」、「厲」的惡諡。

孟子在宣傳治國、平天下主張的過程中，為了增強立論的說服力而使諸侯採納自己的仁政主張，注意總結、記取歷代王朝興衰存亡的經驗教訓，從而為自己的仁政主張提供一定的歷史根據。

孟子在遊歷齊、梁等國時，多次勸告國君要借鑑歷史上的經驗教訓，強調君臣要效法堯舜，實行仁政，仁愛百姓，否則，就會重蹈周厲王、幽王滅亡的覆轍。

他首先從正面總結歷史經驗說：「規矩是製作方圓的標準，聖人是做人的標準。作為國君，就要盡君主之道；作為臣子，就應盡臣子之道。君臣都要效法古代的堯舜。」

接著又從反面說明了不效法堯舜的危害，指出：不用舜侍奉堯的準則去侍奉國君，就是對國君的不敬重；不用堯管理百姓的原則去管理百姓，就是殘害百姓。孔子曾說過管理百姓的最根本原則有兩項，是實行仁政還是暴政。在上述正反論述的基礎上，孟子提出了上述名言。就是說，假如國君過分地殘害百姓，就會落得自身被殺、國家滅亡的下場；即使不過分的，自身也遭受危險。國家的力量會遭受削弱，死後被加上「幽」、「厲」的惡諡，即使後代有孝子慈孫，經歷一百代也不能改變這種諡號。孟子的這一句名言，是對歷史經驗教訓的深刻概括和總結，目的是勸告當時的諸侯要效法聖賢，仁愛百姓，用仁政統一天下；如果施行暴政，殘害百姓，就會落得身死國亡或身危國削的下場，最終被加上惡諡而釘在歷史的恥辱柱上。

【故事】

這裡講的是周厲王殘害百姓而導致身死國亡的故事。

周厲王是西周的第十位國王，是一個貪婪暴戾、殘害百姓的統治者。他登基時，面臨著嚴重的社會危機，各種社會衝突日益激化。為了滿足自己的貪欲，他任用諛臣榮夷公等人，肆無忌憚地橫徵暴斂，剝削百姓，霸佔山林川澤的一切收益，不讓平民前往採樵漁獵，斷絕了他們的生計，造成了民不聊生的局面。

周厲王虐待百姓的暴行，引起了許多有識之士的憂慮。當時一個名叫芮良夫的大夫勸諫厲王遠離佞臣榮夷公，廢除壟斷山林川澤收益的各種「專利」。他說：「財利來自萬物，萬物都是大自然的恩賜。因此，人人都可以利用它，怎麼能只許天子一人獨自享用呢？您這樣壟斷山林川澤的利益，會激怒天下百姓。」

周厲王對芮良夫的話毫不在意。芮良夫繼續勸諫說：「要想管理好民眾，就要使他們廣開財路，維持生計，才能得到民眾的擁戴。從前文王恤民苦難，實行了許多利民的政策，因而得到百姓的擁護、支持，使周王朝安穩到今天。現在您違背祖宗的成法而實行專利，怎麼可以呢？」

芮良夫愈說愈動氣，話也說得愈來愈重：「假若普通人追求專利，別人肯定會說他是個

孟廟，位於鄒城市南關，是歷代祭祀孟子的地方，始建於宋仁宗景右四年（西元1073年），經過金、元、明、清歷代數次重修擴建，具有了現在的規模。

無恥的貪賊，而您身為國君，卻行專利，普天之下就會無人歸附您了！請您趕快罷免榮夷公，否則江山社稷就會危險了！」

周厲王對芮良夫的這番忠諫根本沒有接受，全當成了耳邊風，他不僅不疏遠榮夷公，反而提拔他當了周王朝的卿士。

厲王的專利政策激起了國人的強烈反對。國人中的基本群眾是平民，他們有自己的一小塊分地，平時務農，戰時則要拿起武器保衛國家，是兵役和軍賦的主要承擔者。在沉重的賦役壓迫之下，他們處在經常的分化之中，少數人可晉升為奴隸主，多數人則隨時有淪落為奴隸的危險。西周後期由於戰爭頻繁，賦役加重，他們的負擔本已難以負荷，如今以周厲王、榮夷公為首的統治集團又爭權奪利，國人更加忍無可忍。他們議論紛紛，抨擊周厲王的政策。

當時，召公輔佐周厲王。這位召公是一位德才兼備的賢臣。他看到周厲王如此殘暴，平民百姓生活十分困苦，就常常進諫，可是周厲王卻不肯聽。後來，召公又專門作了一篇名叫《民勞》的詩，諷諫周厲王，依然不被採納。召公看到平民百姓的生活實在過不下去了，便再次進宮對周厲王說：「人民受不了你這樣殘暴的統治了，我周朝向來把人民生活看作是第一要緊的事。我們的祖先十分重視農業，愛護農民。一切政事都是為農民打算的，所以才能建立國家，統一天下，成為各國共尊的天子。現在你實行『專利』，百姓的生活實在太困苦了，都在怨罵你呢！平民百姓若不是受不了，何至這般？若不趁早改變政策，必然要弄到全盤敗壞，那時後悔也來不及了。」

周厲王一聽，很不高興地說：「這些小百姓膽敢怨罵我，目無君上，罪該萬死。必須狠狠管教管教！」召公大驚，忙說：「百姓因為痛苦，方才怨罵。只要替他們除去痛苦，自然不再罵。現在反要再加刑罰，豈不是愈弄愈糟？！」周厲王搖搖頭說：「這個你不懂，百姓們是不可以好好對待的。你回去吧，我自有辦法。」

召公走後，周厲王便命人把他最信任的衛巫叫來，對衛巫說：「現在我特派你去監視一切臣民，有誰膽敢在背地裡罵我的，你便馬上奏來。」

衛巫這個人極善花言巧語，諂媚討好，他連忙磕頭說：「天子有旨，小臣怎敢不盡心辦理？那些膽大妄言之人，實在罪該萬死，容小臣偵得，一定立刻奏上。」衛巫為了討好周厲王，第二天便開列一大串名單，報進宮去。周厲王一看，便吩咐左右盡數捉來殺了。這樣一來，本來不罵的人也忍不住開口罵了。衛巫在各地派了許多心腹爪牙，一發現誰罵厲王，立即告發。就這樣，一批又一批的人被捉去砍了頭，罪狀都是「誹謗天子」。頃刻間，鎬京城內形成了人人自危的恐怖局面。

利令智昏的周厲王，看到國人公開的議論和咒罵減少了，就洋洋得意地對別人說：「民眾都被我制服了。我有辦法消除誹謗了。」其實，國人是敢怒而不敢言，人們在路上相遇時，都是以相互交換目光來表達他們對周厲王的憤恨。

召公聽說周厲王叫衛巫監視國人「止謗」的事，便耐心地對他說：「這不是使百姓不罵，而是堵住了百姓的嘴。堵百姓的嘴，比堵塞河流的害處更嚴重。河流一旦潰決，所傷害的人一定很多，老百姓也是一樣的，所以，治水的要疏通河流，使流水暢通；治理民眾的人要開放言論，使民眾敢說話。百姓之有嘴，猶如土地之有山川，是生產萬物之所在。百姓心中有意見，就要藉由嘴巴說出來，如果硬要堵，他們怎麼受得了？再說，那又能堵住多久呢？所以，一位明白的天子，當他治理國家的時候，一定要讓公卿大夫都貢獻他所知道的，甚至百工也可以將他們知道的說出來，平民百姓也可以叫人轉達他所要說的話。親戚近臣，尊卑貴賤，都暢所欲言。天子聽了這些意見，斟酌後，可行的去行，這樣辦的事情，就沒有不對的了。」

周厲王聽了很不以為然地說：「百姓有什麼知識，怎麼可以隨便議論我？他們只應該老實實地聽我的命令，我是天子，是不會有錯的。他們不服從我，卻在那裡胡言亂語，怎麼可以不殺？現在他們已經不敢亂說了，這是嚴厲管教的結果，你怎麼反說不對？」召公見他如此昏庸，知道他的統治很快就要完了，只好忿忿地退了下去。

周厲王不聽召公等人的規勸，繼續一意孤行，鎮壓民眾。然而事與願違，壓制愈重，反抗愈烈。三年之後，國人終於忍無可忍，掀起了反對專制獨裁的武裝暴動，如決堤的江河一樣奔騰傾瀉，衝向周厲王居住的宮殿。

周厲王一看大勢已去，在國人尚未衝進王宮的時候，偷偷從後門溜走，渡過黃河，一直逃到了彘（彘音ㄓˋ）地。這就是歷史上有名的「厲王奔彘」事件。

周厲王暴虐百姓，與民爭利，鉗制民口，違背民心，最終落得個倉皇出逃、客死他鄉的可恥下場。孟子「暴其民甚，則身弒國亡；不甚，則身危國削，名之曰『幽』、『厲』，雖孝子慈孫，百世不能改也」的名言，就是對周厲王垮台的歷史教訓的概括和總結，對後世產生了重要影響。

三代之得天下以仁

【名言】

三代之得天下也以仁，其失天下也以不仁。國之所以廢興存亡者亦然。

——《離婁上》

【要義】

三代，指夏朝、商朝和周朝。以仁，由於施行了仁政。廢興存亡，衰敗、興起、生存、滅亡。亦然，也是這樣。

孟子在宣傳仁政主張時，概括、總結了夏、商、周三代得失天下的經驗教訓，提出了「三代之得天下也以仁，其失天下也以不仁」的著名見解。就是說，夏、商、周三代獲得天下是由於施行了仁政，三代最終失去天下是由於施了暴政。國家的興起與衰敗、生存與滅亡也是同樣的道理。

他接著運用了四個排比句，強調上自天子、下至百姓的所有社會成員不實行仁德的危害性，指出：天子如果不實行仁政，就不能保有天下；諸侯如果不實行仁政，就無法保有國家；卿大夫如果不實行仁義，便不能保有采邑；士人和百姓如果不仁，便不能保全自己的性命。這四個排比如飛瀑直下，一瀉千里，既給人留下了深刻的印象，引起了人們的高度警覺，又突出強調了仁是修身、齊家、治國、平天下的關鍵。這種排比，語言精鍊流暢，使文章氣勢顯得波瀾壯闊。最後，孟子又運用了一個生動的比喻，揭露了當時一些人不實行仁德的心態。他說：「現在有些人害怕死亡卻喜歡做些不仁不義的事。這就像不願喝醉酒，卻又硬著頭皮拚命往肚子裡灌酒一樣。」孟子這一生動的比喻，揭露了當時一些人不實行仁德而明知故犯的醜惡嘴臉。

孟子的上述名言深刻地概括、總結了歷史經驗，它已被後世社會發展的歷史事實所證實。每當開明帝王、政治家施行仁政、為民造福時，就會出現政治清明、天下統一、社會穩定、百姓安樂的局面。為史學家所稱道的漢代「文景之治」、唐代「貞觀之治」、清代「康乾之治」就是明證。反之，昏庸帝王施行暴政，殘害百姓，就會出現政治黑暗、社會動盪、經濟停滯、民不聊生的局面，統治者亦難逃脫身死國亡的垮台命運。歷史上的隋煬帝被縊死江都，明崇禎帝走投無路而自縊煤山等，就是明證。

【故事】

這裡講的是周武王施行仁政而使周王朝興起，周幽王施行暴政而使周王朝滅亡的故事。

西周是我國歷史上第三個奴隸制王朝，也是我國奴隸社會發展到極盛和開始衰落的時期。周文王死後，周武王繼承了周文王的功績，以太公望為師，周公旦為輔，推翻了商朝，建立了周朝。

周武王滅商後，為了維護新王朝的統治，日理萬機，果斷處理國家的各種大事。有一天，武王召集九州的長官，登上邠地的土山，遙望商都。武王回到周地，夜晚難以入睡。周公旦來到武王住所，問他：「為什麼不睡？」

孟廟內現存歷代碑刻三百餘塊，著名的有「秦嶧山刻石」，「西漢萊子侯刻石」、唐歐陽洵《蘇玉華墓誌銘》等。

武王回答道：「告訴你吧！上天不享用殷商的祭祀。從我還沒有出生到現在六十年了，小人在朝掌權，賢臣遭到放逐，上天不維護殷朝，今天我們才能建立王業。殷朝承受天命剛建立的時候，任用名賢三百六十人，其政績不顯著，也不至於滅亡，後來竟發展到今天這樣。我不能知道上天是否保佑我們，怎麼有空閒安睡呢？」

武王又說：「我希望上天一定要保佑周朝，使天下的人都服從中央，我要找出所有的惡人，貶責他們，使他們受到與殷王一樣的懲罰。我要日夜慰勞安撫民眾，徹底安定我們四方的領土，我要做好各種事情，直到周朝的德行光照四方。從洛水灣一直到伊水灣，平坦而無險阻，這曾是夏朝定居的地方。我曾在南邊看過三塗山，北邊看過太行山麓，也看過黃河，看過洛水、伊水，洛伊流域是建都的好處所。」於是，武王營建了洛邑作為周朝的陪都，然後才離開；把戰馬縱放在華山的南面，把耕牛放養到桃林原野；收藏干戈，收兵並解散軍隊，昭示天下，再也不用這些了。

周武王滅商後採取了一系列安民、為民措施，命令召公釋放了被囚禁的箕子，命令畢公釋放被囚禁的百姓，並到殷賢臣商容的故宅進行表彰，命令南宮括散發鹿台的錢財和鉅橋的糧食，用來賑濟貧弱的百姓。周武王的這些為民措施，獲得了百姓的支持和擁護，促進了社會的穩定和發展，對中國歷史的發展做出了重要貢獻。

與周武王的功績相反，西周王朝的最後一個君王周幽王，是一個剛愎自用、怠政極欲、殘暴百姓的暴君。

周幽王二年（前七八〇年），涇水、渭水、北洛水一帶發生了歷史上罕見的大地震，造成了高山坍塌、河水氾濫、平地變為深谷、深谷中隆起了高山等自然災害，於是農田荒蕪，社會經濟凋敝，餓莩遍野，大批的飢民四處流浪，民怨沸騰，社會衝突日益尖銳。

在社會日益陷入嚴重危機的形勢下，周幽王卻怠慢朝政。他把國家政務交給一幫作惡多端的奸臣朋黨，自己終日在後宮園囿中花天酒地，恣情淫樂。

他任用虢（虢音ㄍㄨㄛˊ）石父為卿相。虢石父為人奸佞乖巧，善於奉承，貪圖財利。在幽王的放縱支持下，虢石父在朝中排斥異己，結黨營私，把朝政搞得一片昏暗。這些被重用的奸臣朋黨，倚仗權勢，濫施淫威，欺虐百姓，搶掠民財。當卿士皇父霸佔別人的田地而遭到國人的斥責時，他竟然有恃無恐地叫嚷道：「不是我要強佔，是大周王國給我的特權。」

周幽王寵信奸佞，獨斷專利，順耳的話他聽後樂得合不攏嘴；聽到稍不順心的話便火冒三丈，怒聲呵斥。他是非不辨，善惡不分，濫殺無辜，造成奸黨橫行朝野，許多忠正之士在朝中終日戰戰兢兢，如臨深淵，如履薄冰，唯恐災難忽然降到自己頭上。

在周幽王的殘暴統治下，到處呈現生靈塗炭、餓莩遍野的悲慘景象，民眾日益陷入水深火熱之中。周幽王終日深居後宮，尋歡作樂，派人四處搶掠美色，以充實後宮。這時，褒國君主為了討好周幽王，便將國色天姿的褒姒獻給幽王。幽王百般寵愛褒姒，終日廝守在她身邊，寸步不離。一年以後，褒姒生下兒子伯服。原來，幽王曾立申后所生的宜臼為太子。自褒姒生伯服後，幽王便千方百計地廢嫡立庶。虢石父揣知幽王的意圖後，多次與幽王密謀，羅織罪名，陷害申后和太子宜臼。後來，將申后打入冷宮，廢太子宜臼為庶人，改立褒姒為后，伯服為太子。

周幽王的倒行逆施，使周王朝內部的衝突日益激化。周太史伯陽見幽王日益昏聵，忿忿不平地說：「周王朝三綱已經斷絕，滅亡之日馬上就會到來！」

褒姒雖被幽王視為掌上明珠，但她終日少言寡語，悶悶不樂，老皺著眉頭嘆氣，暗暗地流眼淚，進了王宮沒露過一次笑臉。周幽王想盡辦法讓她笑，她卻是怎麼也笑不出來。幽王就出了一個賞格：「有誰能讓娘娘笑一下的，就賞他千金。」

這個賞格一出去，就有好些人趕著想來發財。他們進了宮裡，向褒姒說笑話，裝鬼臉，演滑稽戲。褒姒見了這些人只覺得討厭，把他們都轟出去了。很會拍馬屁的虢石父想出了一個辦法，說一定能教褒姒笑痛肚子。

他對周幽王說：「從前為了防備西戎，在驪山一帶造了二十多座烽火台，每隔幾里地就是一座。萬一西戎打進來，把守第一道關的士兵就把烽火燒起來，第二道關上的人見了煙火，也把烽火燒起來，這樣一個接著一個地都燒著烽火，臨近的諸侯瞧見了，就發兵求救。現在天下太平，烽火台早就沒有用了。我想請您跟娘娘上驪山去玩幾天。到了晚上，咱們把烽火點著，燒得滿天通紅，讓臨近的諸侯見了，上個大當。娘娘見了這麼些兵馬一會兒跑過來，一會兒跑過去，一定會笑的。您說我這個方法好不好？」

周幽王把眼睛瞇成一道縫，拍著手說：「好極了，好極了，就這麼辦吧！」

周幽王帶著褒姒到了驪山。有一位諸侯叫鄭伯友，是周幽王的叔叔，他怕點燃烽火鬧出亂子，趕緊跑到驪山，勸周幽王別這麼亂來。周幽王正在興頭上，這種話哪裡聽得進去。他生氣地說：「我在宮裡悶得慌，難得跟娘娘出來一趟，放放煙火，解解悶，這也用得著你管嗎？」

到了晚上，虢石父叫手下的人把烽火點起來，火愈燒愈旺，火光映紅了天空，烽火台一個接著一個都燒了起來，遠遠近近，全是火柱子，好看極了，也可怕極了。臨近的諸侯看見了烽火，以為西戎打進來，趕緊帶領兵馬前來保衛幽王。沒想到了驪山腳下，一個敵人都看不見，也不像打仗的樣子，只聽見奏樂和唱歌的聲音。大夥兒你看看我，我看看你，都不知道是怎麼回事。

周幽王派人去對他們說：「各位辛苦了，沒有敵人，是我跟娘娘放煙火玩，你們回去吧！」諸侯們這才知道上了當，一個個氣得火冒三丈。

褒姒根本不知道他們鬧的是什麼玩意兒。她瞧見這許多兵馬亂哄哄地忙來忙去，像無頭蒼蠅似的在那兒瞎撞，就問周幽王：「這是怎麼回事？」周幽王一五一十地告訴了她，說是為了讓她看了發笑。他歪著脖子，帶笑地問：「好看嗎？」褒姒覺得又好氣又好笑，忍不住「噗哧」笑了一聲。幽王見褒姒笑了，頓時高興得心花怒放。這就是臭名昭著的周幽王「千金買一笑，烽火戲諸侯」。

周幽王的殘暴統治使西周王朝日益陷入危亡的境地。被廢的申后的父親申侯認為滅亡周朝的時機已到，便聯合繒、犬戎等國，於周幽王十一年（前七七一年），浩浩蕩蕩殺向鎬京。周幽王聽到這一消息，立即慌忙停止了飲酒作樂，命令兵士趕忙點燃烽火，急忙召各路諸侯率兵前來抗敵。烽火雖然點燃了，但並未召來一兵一卒。原來，各路諸侯望見烽煙後，認為周幽王仍像上次一樣在戲弄他們，因而拒不出兵。申侯率領軍隊如入無人之境，勢如破竹，殺進鎬京。走投無路的周幽王帶著褒姒和幾名隨從，狼狽不堪地奔向驪山，結果被追兵砍死在驪山之下，西周王朝滅亡。

周武王施行仁政而建立西周王朝、周幽王施行暴政而使西周王朝滅亡的故事告訴我們，孟子的上述名言恰恰是對上述歷史經驗教訓的正確概括和總結。

行有不得者反求諸己

【名言】

行有不得者皆反求諸己，其身正而天下歸之。

——《離婁上》

【要義】

行有不得，行為沒有達到預期效果。反求諸己，反躬自省，反身檢查自己。身正，行為端正。歸，歸順、服從。

在道德修養上，孟子繼承、發展了孔子上行下效的思想，把道德修養與治國安邦緊密聯繫起來，強調上行下效，反省自身，嚴己寬人。他在闡述反求諸己的道德修養時曾說：「我愛別人，但別人卻不親近我，那就應當反省自己是否真正做到了仁愛；我管理別人，卻沒有管理好，那就應該反省自己是否具有智慧；我有禮貌地對待別人，別人卻不以相應的禮貌回應我，那就應該反省自己是否做到了恭敬。」在上述分析的基礎上，孟子進一步提出了上述名言。就是說，自己的任何行為如果沒有產生預想的效果，就應該反省自責。如果自己的行為的確端正了，天下的人都會歸順他。

孟子的反求諸己的道德修養方法，一方面強調國君要反省自身，為人表率，上行下效，就能形成良好的社會風尚，進一步安定國家；另一方面，強調君子反省自身，嚴以責己，就能保持高尚的獨立自主人格和達到高尚的道德境界。孟子反求諸己的道德修養方法，強調了人的主觀能動性，體現了中華民族嚴以責己、上行下效的傳統美德，對後世許多思想家產生了積極影響。

【故事】

這裡講的是諸葛亮反躬自責的故事。

諸葛亮（一八一～二三四年），字孔明，琅琊都陽（今山東沂南）人，三國蜀漢著名的政治家和軍事家。他不辭勞苦，忠心耿耿地輔佐劉備、劉禪父子立國興邦，做到了「鞠躬盡瘁，死而後已」，表現出了卓越的智慧和才能，為當時中國西南地區的統一和經濟文化的發展做出了重要貢獻，成為中國歷史上家喻戶曉的一代明相。

蜀建興六年（二二八年），諸葛亮帶兵討伐中原，在祁山安營紮寨。魏主曹睿令張郃為先鋒，與司馬懿率二十萬大軍一同前去抗拒蜀軍。

司馬懿說：「秦嶺之西有一條路，叫街亭；旁邊有一座城，名列柳城。這兩地是漢中的咽喉之處。諸葛亮定會從此地進軍。我們徑直去取街亭，諸葛亮知道我們斷了他的要路，絕了他的糧道，必然連夜奔回漢中，他若回兵，我們便從小路出兵截擊，定能全勝，若不回，我們便將各路口把守住，一月無糧，蜀兵就會堅持不住，諸葛亮只能束手就擒。」

諸葛亮在祁山得知司馬懿已經和張郃引兵出關，大吃一驚，料定司馬懿出關，必取街亭，切斷蜀軍的咽喉之路，連忙招集諸將來佈陣。參軍馬謖（謖音ㄙㄨˋ）自願請戰去守街亭。

諸葛亮沉吟道：「街亭雖小，關係重大，倘若有失，我們將會全軍覆沒。你雖深通謀略，但那裡既無城郭，又無險阻，很難守啊！」

馬謖滿不在乎地說：「我自幼熟讀兵書，頗知兵法，哪會連個街亭也守不住。」

諸葛亮還是不放心，說：「司馬懿不是等閒之輩，張郃也是魏之名將，怕你不是他們的對手。」

馬謖對諸葛亮的話有些不滿，便說道：「不用說司馬懿、張郃，就是曹睿親自來，我也不怕，丞相若不放心，我願以全家的性命擔保！」

諸葛亮見馬謖把話說到這地步，只好嚴肅地說：「軍中無戲言！」馬謖接著說：「願立軍令狀！」說完，當場立下了軍令狀。

諸葛亮對馬謖說：「我給你兩萬五千精兵，再派一員大將助你。」接著又吩咐王平說：「你平生謹慎，我把輔佐馬謖的重任交給你，你一定要小心行事。安好營寨，便畫一張地圖派人送來，凡事兩人商議妥當才行，切不可草率，如能守住街亭，就是取長安的第一功，切記！」

二人拜辭走後，諸葛亮還是不放心，又叫來高翔、魏延、趙雲等各率兵馬屯紮於街亭後方，以備應急之需。

馬謖、王平來到街亭，看過地勢，馬謖笑著說：「丞相真是多慮，這樣偏僻的山間，魏兵如何敢來？」

王平說道：「不管魏兵來與不來，都要在這路口紮寨，讓士兵伐木築起柵欄，做長久的打算。」

馬謖不以為然地說：「這路口豈是安營之地，此外側面有一座孤山，山上樹很多，這是天賜之險，可以在山上屯兵。」

王平聽了反對：「若在路口設營，築起城垣，魏兵插翅難飛；如果放棄要道，屯兵於山上，倘若魏兵驟然而至，將山圍住，我們該怎麼辦？」

馬謖道：「真是婦人之見，兵法上說：『居高臨下，勢如破竹。』若魏兵到來，我叫他片甲不回。」

王平道：「我跟丞相打了多年的仗，丞相給了我不少指教。我看此山是絕地，如果魏兵斷了我們的汲水之路，我們將不戰自亂。」

馬謖不高興地說：「你不要說些不吉利的話。孫子云：『置之死地而後生。』如果魏軍斷了我汲水之道，蜀軍還能不死戰？我自幼熟讀兵書，連丞相有事也愛問我，你就不要多說了。」王平見怎樣勸馬謖也不肯聽，只好說：「若參軍一定要在山上設寨，就分一部分兵給我，我在山下安一小寨，倘魏兵前來，彼此也可照應。」

二人正在爭論，忽然山中百姓成群結隊紛紛跑來，說是魏兵來了，馬謖只好撥給王平五千兵馬，讓他在山下設營，自己

西漢萊子侯刻石

新莽天鳳三年（15年）二月刻。現存鄒縣孟廟。此石書法古拙奇瑰，氣勢開張，豐筋力滿，趣味橫生，熔篆籀之意寫隸，清方朔《枕經堂金石書畫題跋》：「以篆為隸，結構簡勁，意味古雅。」西漢傳世書跡甚少，通過此石，可窺西漢書風。

帶著大部分人馬上山去了，王平在離山十里的地方安下營寨，又畫了地形圖，連夜派人給諸葛亮送去。

司馬懿在城中，先讓他的二兒子司馬昭出去探路，司馬昭探路回來，報告父親，街亭有兵把守。司馬懿嘆道：「諸葛亮真是神人，我比不上他！」司馬昭笑道：「父親何必喪自己志氣，依我看街亭易取。」司馬懿問：「你怎麼敢說這話？」司馬昭說：「街亭要道處沒有寨柵，蜀兵都屯在山上。」「若果真都在山上，真是天助我也。」司馬懿說完話，帶了百來人親自去將地形察看了一遍。然後又派人打探諸葛亮派誰守街亭，聽說是馬謖，司馬懿笑道：「徒有虛名，不過是個庸才，孔明用這種人，哪能不誤事！」

司馬懿派張郃帶一支人馬去擋住王平，又令申耽等帶兵圍山，先切斷了馬謖的汲水道路，讓蜀兵自亂，然後乘勢攻打。

次日天明，張郃帶兵先去攔截王平。司馬懿帶大隊人馬，把山四面團團圍住。馬謖和蜀兵從山上往下看，只見魏兵漫山遍野。蜀兵見了這種情勢，個個喪膽。馬謖搖動紅旗，士兵們卻你推我讓，不敢上前。馬謖大怒，殺了兩員將領。士兵們懼怕，只得衝下山來，然而魏兵陣營嚴整，巋然不動，蜀兵只好又退回山上。馬謖見衝不破魏兵陣營，只得命令大軍緊守營寨，等待援兵。

王平在山下，聽到這邊殺聲震天，忙帶軍來援救，半路遇到張郃，兩人戰了數十回合，王平終因勢單力薄，戰不過張郃，只得退了回去。

司馬懿大兵圍山，從辰時一直到戌時，山上無水，士兵們無飯可吃，營寨亂成一團。到半夜時分，山南面的蜀兵大開寨門，下山降魏。司馬懿見蜀兵營中已經大亂，便讓魏兵沿山放火。這時，山上的蜀兵更加慌張，馬謖自知守不住，只得帶領士兵從西邊拚命殺出一條路逃下山去。魏兵趁勢攻殺，將蜀兵幾路援軍全部打敗，由此，街亭、列柳城先後失守。

街亭失守後，蜀兵形勢危險，諸葛亮只好率兵退回漢中。

馬謖逃回後，自知罪過之大，就先讓人把自己的雙手綁住，進帳跪下。諸葛亮臉色鐵青地說：「我再三叮囑你，街亭是蜀軍得失勝敗的關鍵所在，你以全家人的性命領受了這個重任。現在，你不聽王平的勸說，招致了全軍的敗退。丟城失地，損兵折將，全都是因為你的罪過。如果不按軍法辦事，今後怎麼能服眾呢？你死了以後，妻子兒子由我按月發給米糧和俸祿，你就不用掛念了。」說罷，命令刀斧手：「推出去斬首！」

馬謖說：「丞相啊！您對待我就像父親對待親生兒子一樣，我也把丞相當作父親。我犯了死罪，死而無怨，只是希望您能把我的兒子培養成材，不要因為他父親的罪過而不任用。只要我的兒子能成材，我就能安眠於地下了。」說罷，放聲大哭。

諸葛亮本來很愛馬謖之才，這時就一邊流著淚，一邊對馬謖說：「我和你有兄弟般的情誼，你的兒子就是我的兒子，你不用掛念了。」說著命左右將馬謖推出轅門之外，正要開刀問斬，只聽一聲大喝：「刀下留人！」

原來是參軍蔣琬剛從成都趕到了。蔣琬喝住刀斧手，便進帳為馬謖求情。諸葛亮流著眼淚說：「從前孫武之所以能制勝天下，是因為他軍法嚴明，現在四方紛爭，兵戈不斷，如果我們亂了軍法，怎麼能克敵制勝呢？」就這樣，諸葛亮揮淚斬馬謖，嚴肅了軍法。

一會兒，刀斧手把馬謖的頭端上來查驗，諸葛亮不禁失聲痛哭起來。眾官勸解，諸葛亮哭著說：「我不是為馬謖而哭。我是想先帝在白帝城臨終之前，曾經囑咐我說：『馬謖言過其實，千萬不要委以重任。』我深深地悔恨自己不善於看人、用人，今天想起了先帝的話，怎麼能不傷心呢？」帳下的將士們聽了這話，看著丞相追悔痛哭的樣子，一個個也落下了傷心的眼淚。

諸葛亮把馬謖安葬之後，又盡心撫恤他的妻子兒女。然後，親自向後主上書承認了這次因用人不當而造成北伐失利的過錯，並且誠懇地請求把自己連降三級。諸葛亮引咎自責、反省改過的故事，被後世傳為佳話。

人必自侮，然後人侮之

【名言】

夫人必自侮，然後人侮之；家必自毀，而後人毀之；國必自伐，而後人伐之。

——《離婁上》

【要義】

夫，名首語義詞，無意義。自侮，自取侮辱。自毀，自取毀滅。自伐，自取討伐。

孟子遊說諸侯，積極宣傳治國、平天下的仁政主張，曾勸說齊威王、梁惠王、齊宣王實行仁政，力諫滕國、宋國自強自立，但他的仁政主張最終不被急功近利的諸侯所採納。多年的遊說生涯和坎坷經歷，使他悟出了一個深刻的道理，就是宣傳仁政道理必須看接受的對象，對沒有仁德的人講說仁義，無異於對牛彈琴。他在總結這一經驗教訓時指出：「對沒有仁德的人怎能對他講說仁義呢？他們把危險當作安全，災難臨頭卻自以為吉利，極力追求荒淫暴虐而導致滅亡。如果這種不仁德的人從善如流，接受勸說，那天下怎會發生亡國敗家的事呢？」

孟子接著又引用童謠和孔子的話，論證了咎由自取的道理。他說：「從前有個兒童唱道：『滄浪的水清澈啊，可以洗我的帽帶；滄浪的水混濁啊，可以洗我的髒腳。』孔子聽後對學生說：『你們聽啊！水清澈就用它洗帽帶，水混濁就用它洗髒腳。這都是由水本身的清濁造成的。』」在此基礎上，孟子提出了上述名言。它的意思是說，人一定先有自取侮辱的行為，別人才會侮辱他；家庭一定先有自取毀滅的行為，別人才會毀滅它；國家必定先有自取討伐的行為，別的國家才會討伐它。

孟子的名言，闡明了咎由自取的哲理，強調人的安危、家庭的禍福、國家的存亡，都是由自身的原因造成的。這對激勵人們奮發進取、趨福避禍具有積極的啟迪意義。

【故事】

這裡講的是隋煬帝荒淫暴虐而自取滅亡的故事。

隋煬帝楊廣（五六九～六一八年）是文帝的二兒子。仁壽四年（六〇四年）七月，他在大臣楊素等人的參與下，殺其父及兄楊勇，奪取了帝位。隋煬帝在位期間，施行暴政，殘害百姓，大興土木，橫徵暴斂，對外戰爭，把一個繁榮的社會搞得殘破不堪，人口急遽減少，黃河以北千里無人煙，江淮之間茂草叢生。隋煬帝在位十三年，窮奢極欲，殘暴荒淫，頻繁出巡，勞民傷財，是中國歷史上有名的暴君。

隋煬帝統治期間，建造了許多華麗的宮室，陝西渭南有崇業宮，安徽臨淮有都梁宮，江蘇揚子有臨江宮，河北涿縣有臨塑宮，山西太原有晉陽宮，山西汾陽有汾陽宮。皇城、宮室和亭園的修建，不僅濫用了數以萬計的人力，也浪費了無數的財力和物力。修建東都需要許多大木料，要到江南諸州去採集，所經過的地方，人民往返運送，千里不絕。運一根大木柱要用幾十萬人，一天也不過走二、三十里。同時官吏督工非常嚴厲苛刻，十分之四、五的人因飢餓、生病而死亡。

隋大業元年（六〇五年），隋煬帝下詔令黃門侍郎王弘等人到江南造龍舟和各種船隻數萬艘。幾十萬人被徵調去造船，許多民工勞累過度，死的人達十分之四、五。運載屍體的車子，東至成皋，北至河陽，絡繹不絕，前後相望。同年八月，隋煬帝從洛陽出發游江都，隨行的有後院十六宮三千嬪妃、文武百官、公主王侯和僧道尼姑等。煬帝乘坐的龍舟高達四十五尺，闊五十尺，長二百尺。樓高四層，上層是正殿、內殿、東西朝堂，是百官朝拜之處；當中二層，有一百二十個房間，全用金玉裝飾，供隋煬帝遊樂；下一層是內侍居住的地方。

皇后、公主及文武百官都各自乘不同的船隻。光衛士們所坐的船就達幾萬艘。各類船都配有挽船的人員，其中，專門為皇帝和皇后挽船的男女達九千多人，這些人稱為殿腳，他們身穿彩袍，拉著用五顏六色的絲綢做成的挽繩，別有一番氣派。隋煬帝的整個船隊前後舳艫相接二百餘里，船隊所過沿岸州縣，五百里內的都要貢獻食物，多的一州要供應百車，都是水陸珍奇，佳餚美饌。食品多得吃不完，剩下的便丟在河岸邊或埋在土裡，他們卻沒有想到許多窮苦的百姓都餓得三餐不繼，在死亡的邊緣掙扎著。沿途一些州縣的官僚為了巴結皇帝，不顧百姓死活，狠命盤剝百姓，一些州縣甚至強迫農民預交幾年的租稅，弄得許多百姓傾家蕩產。

一直到了第二年，隋煬帝才改由陸路回洛陽，一路上同樣是前呼後擁，羽儀填街滿路，連綿二十餘里。

大業七年（六一一年），隋煬帝第二次巡遊江都。這次遊幸，除沿途像蝗蟲般蠶食百姓的糧食外，隋煬帝一行到了江都，還大擺酒席，宴請江淮以南的名士，炫耀其豪華。

大業十三年（六一七年），隋煬帝第三次出遊江都。這時農民起義的烽火已燃遍大河上下、長江南北，隋王朝已是岌岌可危了。可是隋煬帝只顧個人享樂，根本不顧百姓死活。在游江都之前，停泊在江都的幾千艘龍舟全被起義軍燒毀，隋煬帝立即下令重新建造，規格比原來的還要豪華富麗，耗費了大量的錢財，百姓也已窮困到了極點，哪裡能經得起隋煬帝一路上的揮霍呢？一些大臣心裡十分焦急。在隋煬帝出發前，右侯衛大將軍趙才冒死向煬帝進諫說：「如今百姓疲勞，府庫空竭，盜賊蜂起，朝廷禁令不行，還望陛下回到京師，安撫百姓。」隋煬帝聽罷大怒，立即下令將他關押起來。幾天後，建節任宗又上書進諫，煬帝閱罷大怒，在朝堂上令人將任宗活活打死，從此無人敢諫。

隋煬帝的船隊從寧陵開赴睢陽時，常常擱淺，拉縴的民夫用盡力氣，一天也行不了幾里路，煬帝十分惱怒，下令追查這一段河道是哪個官員負責督造的，一查知道是麻叔謀負責的。當時的督造副使令孤達趁機上書告發麻叔謀蒸食嬰兒，收受賄金三千兩等事，於是煬帝下令查辦麻叔謀，並將當時這一段河道的掘河民工五萬人通通活埋在河岸兩旁。

一天夜裡，躺在龍舟上的隋煬帝正要入睡時，忽然聽到岸上傳來一陣陣的歌聲，他睜開眼睛，仔細一聽，歌聲隨著江風飄進他的耳際，歌詞是：「我兄征遼東，餓死青山下，今我挽龍舟，又困隋堤道。方今天下飢，路糧無些小，前去千萬里，此身安可保？暴骨枕荒沙，幽魂泣煙草，悲損門內妻，望斷吾家老。安得義男兒，焚此無主屍，引其孤魂回，負其白骨歸。」

這是一首拉縴民夫血淚控訴的悲歌，隋煬帝聽到後立即令人上岸捉拿唱歌的人。衛兵上岸時，歌聲已停歇，他們左右盤查，始終查不出個結果來。

他到江都後，更加荒淫無度，每天都是陪嬪妃美女飲酒作樂，杯不離手，酒不離口。他見天下大亂，心中也常常煩躁不安，一天，他照鏡子時對蕭后說：「我這顆頭顱將會被誰砍掉呢？」他還準備了毒藥帶在身邊，以備危急時吞服。

隋煬帝一人出行，全天下的人民都在為他準備行裝、供奉食物。他的遊幸，給人民帶來了極其深重的災難和負擔，以致百姓只能剝樹皮，挖草根，或者煮土而食，有的地方還出現了人吃人的現象。

由於隋煬帝的荒淫、奢侈，再加上天下大災，沒多久，江都宮中的糧食就吃光了。隋煬帝宮中的衛士多是北方人，眼看就要餓死，更加想念家鄉，紛紛逃歸。虎賁郎將司馬德戡等人利用衛士們思念家鄉的怨恨情緒，發動了兵變，將隋煬帝用巾帶勒死，一代暴君，終於落了個身死國亡的下場。

隋煬帝施行暴政，大動干戈，遊玩不息，窮奢極欲，荒淫無度，正像孟子所抨擊的那種人一樣，把危險當作安全，災難臨頭卻自以為吉利，極力追求荒淫暴虐，最終而導致滅亡。

得其民，斯得天下

【名言】

桀紂之失天下也，失其民也。……得天下有道：得其民，斯得天下矣。

——《離婁上》

【要義】

桀，夏王朝的最後一位暴君。紂，商王朝的最後一位暴君。

得民心者得天下，失民心者失天下，這是孟子對古代王朝興衰存亡經驗、教訓的理論概括和總結。在中國歷史上，民心向背和民心歸屬，是政治得失的關鍵，歷來被思想家、政治家所重視。孟子認為，民心向背決定天下政權得失。他採用正反對比的方法，剖析了天下得失的原因，提出了上述名言。

那麼，怎樣才能得天下呢？孟子又從正面一氣呵成地闡述了獲得天下層層遞進的三個方法。他指出：要獲得天下，必須取得百姓的支持；要獲得百姓的支持，必須獲得民心；要獲得民心，必須實行一系列利民措施，百姓所喜歡的，替他們聚積起來；百姓所厭惡的，不要施行。

在這三個方法中，「所欲與之聚之，所惡勿施」，即施行利民的仁政措施是根本，它是獲得百姓支持及得天下的前提和基礎。這樣，孟子就將西周、春秋以來的民本思想發展到前所未有的高度，肯定了人民在社會政治生活中的重要作用，從而具有積極的進步意義。

為什麼實行仁政就能得民心呢？孟子採用生動、貼切的比喻說：「百姓歸服仁德仁政，就像水向下奔流、野獸奔向曠野一樣自然。」他接著又運用了一組排比，闡明桀紂施行暴政而失去民心，湯武施行仁政而獲得民心。孟子說：「所以替深淵把魚驅趕而來的是水獺，替森林把鳥雀驅趕而來的是鸇鷹，替湯、武把百姓驅趕而來的是夏桀、商紂。現在如果有一位國君喜好仁政，那麼，其他諸侯就會替他把百姓驅趕而來。他即使不想統一天下，也是做不到的。」

孟子在闡述仁政功效的基礎上，又指出當時諸侯不修德行仁的錯誤和導致的惡果。他說：「然而現在這些希望統一天下的人，就像患了七年的痼疾而必須求取三年的艾草治病一樣，如果平時不積蓄艾草，終究不會得到。如果不立志實行仁政，一輩子都會憂慮蒙受恥辱，以致陷入死亡。《詩經》說：『這些昏聵的君臣怎能把政事辦好，他們只會相率沉淪自溺。』正是說的這個道理。」在這裡，孟子告誡諸侯要長期堅持修德行仁，不能臨渴掘井。如果不實行仁政，就會遭受屈辱而導致滅亡。

孟子上述名言所揭示的民心向背決定天下得失的思想，對後世政治家、思想家產生了重要影響。一方面，許多開明的封建帝王和政治家，為了維護自己的統治和社會的穩定，吸收前一代王朝滅亡的教訓，省刑薄斂，節約用度，取信於民，在一定程度上減輕了對人民的剝削、壓榨，獲得了民心。在中國封建社會中出現的「文景之治」、「貞觀之治」、「康乾盛世」，當然有多方面的社會原因，其中，統治者實行利民的政策和

孟林又稱亞聖林，位於鄒城市東北 12.5 公里處，是孟子及其後裔的墓地。經明清兩代不斷增修擴建，至清康熙時，祭田墓地已達一萬餘畝。林內現存柏、檜、柞、楊、榆、楸、槐、楓、楷等一萬餘株，多為金、元、明、清各代所植。

獲得民心，無疑是一個重要的原因。另一方面，許多進步的思想家，繼承、發展了孟子「得民心」的思想，猛烈抨擊封建統治者的橫徵暴斂、巧取強奪、腐朽糜爛、政治黑暗，因而具有積極的意義。

【故事】

這裡講的是夏桀暴虐百姓、失去民心而導致滅亡的故事。

夏桀是夏代的第十六代君主，也是我國歷史上第一個臭名昭著的暴君。他當政期間，施行暴政，殘害百姓，窮奢極欲，獨斷專行，窮兵黷武，導致國內外衝突異常尖銳，人民生活在水深火熱之中。

夏桀追求美色，縱欲無度，揮金如土。他的後宮中置滿從各地搜討來的美女，終日在後宮中尋歡作樂。他對有施氏進獻的美女妹喜，寵愛無比，百依百順。為了討好美女的歡心，整整花了七年的時間，在都城大興土木，興建宮亭台榭，雕樑畫棟，綺窗繡戶，金碧輝煌，令人炫目。他在寢宮內，一邊飲酒，一邊觀看三千美女跳舞，日以繼夜，常年不停。當他聽膩了音樂時，便命令百姓每天進獻一百匹帛，令宮女們用力撕裂帛以當音樂聽，真是荒唐到極點。

夏桀生活奢侈，吃遍山珍海味。為了供應他一個人的飲食，成千上萬的人為他種菜、捕魚、釀酒、烹飪。他常飲清澈的美酒，發現美酒渾濁，就要殺掉廚師。當他喝醉酒時，便把人當作馬騎，肆意侮辱。

夏桀殘酷地壓榨國內人民，同時又把罪惡的魔爪伸向鄰國，掠奪鄰國的奴隸、財寶，蹂躪別國的百姓。鄰國的諸侯對夏桀稍有不滿，就會遭到夏桀的興兵討伐。鄰國諸侯迫於夏桀的淫威而降服，定期交納貢品，獻上美女寶貨。

夏桀的暴行使許多忠臣直官感到十分憂慮，他們不時地向夏桀勸諫。太史令終古勸諫夏桀生活上要節儉一些，不要勞民傷財，但夏桀一意孤行，拒不採納，反而冷笑著反駁說：「我擁有天下，就像天上有太陽一樣，難道太陽會不見嗎？」

夏朝大夫關龍逢見夏桀不聽終古的勸諫，便想了一個辦法。有一天，他手捧畫著古代帝王勤儉治國的黃圖拜見夏桀。進宮後，他展開黃圖對夏桀說：「從前的賢君都愛民節用，勤懇治國。夏朝始祖大禹跋山涉水，櫛風沐雨，終日奔波，歷盡艱辛，公而忘私，三過家門而不入。成為天子後，仍然薄衣惡食，愛惜民力，受到天下百姓的愛戴。您應懷念祖先創業的艱難，繼承先王的業績。現在您卻一味揮霍財物，濫殺無辜之人。如果不立即改正，夏朝就會很快滅亡。」

夏桀聽了關龍逢的話，勃然大怒，厭惡地說：「從前是從前的事，現在是現在的事。我身為夏朝天子自有我的道理，為什麼要學古人的樣子？這些老掉牙的東西，留下有什麼用處？」並喝令左右將黃圖燒掉，不耐煩地揮手令關龍逢退下。

關龍逢見此大吃一驚，高聲哭諫說：「大王若不聽勸阻而一意孤行，就會導致國家敗亡，到那時後悔也來不及了！」

倒行逆施的夏桀，怎能聽進逆耳的忠言？他勃然大怒，惡狠狠地污蔑關龍逢說：「你製造妖言，詛咒國家。今天如不殺你，臣下都像你這樣嘈雜不休，我的耳朵何時能夠清靜？」於是喝令左右將直言相諫的關龍逢推出斬首。

兇狠殘暴的夏桀大興徭役，耗盡民力，刮盡民脂民膏，榨乾百姓的血汗，廣大民眾以怠工的方式反抗夏桀的殘暴統治。他們憤怒地咒罵夏桀說：「你這顆毒太陽，哪天才能完蛋啊！我們寧肯與你同歸於盡！」

夏桀的殘暴統治激起了國內外民眾的反抗，日益陷入眾叛親離的境地。商湯趁機興兵伐夏，夏桀戰敗而逃。後來，夏桀被流放到南巢（今安徽巢縣），不久就死在那裡，夏王朝滅亡。

夏桀殘害百姓，失去民心，眾叛親離，導致滅亡。孟子的上述名言恰恰是對夏桀滅亡教訓的正確總結和概括。

曾子可謂養志

【名言】

若曾子，則可謂養志也。事親若曾子者，可也。

——《離婁上》

【要義】

若，像。曾子，春秋末期魯國人，孔子的學生，以擅長德行而著稱。養志，滿足父母精神愉悅的需要。

孟子認為，父母與子女之間的關係是家庭生活中最根本的人際關係之一，強調「父子有親」。仁的根本是侍奉父母，子女不僅要在經濟生活上奉養父母，而且還要在社會生活中服從長上，這樣才能使國家安定，天下太平。

為了論述子女侍奉父母的問題，孟子採用設問自答的形式說：「侍奉尊長，以哪一種最重要？侍奉父母最重要。守護正道，以哪一種最重要？守護自身而不使自己陷於不義最重要。保持住自己的品德節操，又能侍奉好父母的人，我聽說過有這種人；自身道德淪喪，卻能侍奉好父母的人，我從來沒聽說過有這種人。天下的人誰不侍奉尊長呢？侍奉自己的父母，才是侍奉尊長的根本；天下的人誰不保守正道呢？保守自己而不使自己陷於不義，才是保守正道的根本。

「從前，曾子侍奉父親曾皙時，每頓飯一定都有酒肉；侍父親酒足飯飽要撤除飯菜的時候，曾子一定請示將剩下的給誰吃。每當曾皙詢問家中還有沒有酒肉時，曾子都態度和藹地回答說有。曾子這樣做，是在心意方面來孝敬父親，使父親精神舒暢。曾皙死了以後，曾子的兒子曾元侍奉曾子，每天供奉飯食也一定有酒肉；當吃完飯撤下席的時候，卻不再請示剩餘的給誰吃。曾子若問家中還有沒有酒肉，曾元生硬地說沒有了。曾元的意思是想把剩餘的酒肉下頓飯再給曾子進用。曾元僅以飲食奉養父親的口腹，而不能使父親獲得精神的愉悅。」

孟子最後得出結論說：「若曾子，則可謂養志也。事親若曾子者，可也。」意思是說，曾子侍奉父親，使父親獲得精神愉悅。奉養父母做到像曾子那樣，就可以了。

孟子採用正反對比的手法，列舉出曾子侍奉曾皙、曾元侍奉曾子兩種相反的事例，告誡人們侍奉父母要效法曾子，即使父母親有優裕的物質生活，也要使父母獲得精神愉悅。這一思想，豐富了中華民族養老尊老的優良傳統，對後世產生了積極的影響。

【故事】

下面講的是子路、閔子騫孝敬父母的故事。

仲由（前五四二～前四八〇年），字子路，春秋末期魯國人。他是孔子的弟子，以擅長政事而著稱。他英勇正直，孝順父母。因家裡貧窮無法生活，為了養活父母親，他跋山涉水，從百里以外背米回家，孝敬父母。父母親去世後，他南下楚國遊學講道，很受楚王賞識。子路做了大官以後，整天坐著漂亮的馬車，享受著豐厚的俸祿，穿著華麗的衣服，位居國家重臣之列。子路每當回憶起過去的苦難日子，就思緒聯翩，哀嘆不止，他說：「我過去吃的是藜藿野菜，為了養活父母，從百里以外跋山涉水，背米回家。儘管努力勞作，仍是難以解決溫飽。如今到了享受榮華富貴的時候，我的父母親卻離開了人世。我寧願像以前那樣背米，只要能孝敬父母就行了，但那已成了過去。」

孔子聽了仲由發自肺腑的話語，讚揚道：「仲由孝敬父母親，真是天下少有。父母親在世時，他盡心盡力侍奉，父母親去世後，他的思念之情仍難以割捨。」

孔子的另一位弟子閔子騫（前五三六年～？），名損，春秋末期魯國人，以德行著稱。在閔子騫年幼的時候，母親就去世了，父親續娶的後妻生了兩個兒子。後母心裡很厭惡閔子騫。到了寒冬臘月，後母在做棉衣時，給她的親生兒子用棉花做，給閔子騫的棉衣裡裝上蘆花絮。

有一天，三個兒子給父親拉車，因閔子騫的棉衣是用蘆花絮做的，抵禦不住寒冷的風雪，不小心把拉車的革帶掉在了地上。父親不知緣由，大聲責罵，閔子騫默不作聲。後來，父親察覺到閔子騫的苦衷，知道了後母的偏心，非常生氣，要將她趕出家門。看到這種情況，閔子騫跪在地上哭著向父親求情說：「有後母在家，受凍的只是我一個人，若將後母趕出家門，那麼您的三個孩子都會因沒有母親照顧而挨餓受凍。」父親聽了閔子騫的話，覺得很有道理，就沒有將後母驅逐。後母知道了閔子騫為她求情的事，心裡很感動。從此以後，對三個孩子一樣疼愛，不分你我。孔子知道這件事後稱讚說：「閔子騫確實是個大孝子。」

子路、閔子騫孝敬父母的故事，正如孟子上述稱讚曾子的名言那樣，使父母獲得精神愉悅，從而成為後人的楷模。

君正而國定

【名言】

君仁，莫不仁；君義，莫不義；君正，莫不正。一正君而國定矣。

——《離婁上》

【要義】

君，諸侯、國君。仁，仁愛。正，端正自身。正君，端正國君。國定，國家安定。

孟子繼承、發展了孔子上行下效、正己正人的思想，強調諸侯國君要為民表率。國君應把倫理上的同情、愛人之心推廣、應用於治國、平天下的實際活動中，將修己與安人、正己與安百姓緊密結合起來。這樣，國君既負有治國、平天下的政治責任，又負有修身自省、為民表率的道德責任。基於這種認知，孟子提出了上述名言。它的意思是說，國君仁愛，在下的就沒有人不仁愛；國君堅守道義，在下的就沒有人違背道義；國君行為端正，在下的就沒有人不端正。只要把國君端正了，國家也就安定了。

孟子的這一名言，突出強調了國君的修身自省對治國安邦的重要作用，對諸侯國君提出了嚴格的道德要求，對後世產生了重要影響。許多政治家和開明帝王都受到孟子上行下效思想的影響和薰陶，對促進社會的發展產生積極的作用。

【故事】

下面講的是北周武帝宇文邕崇尚節儉、為民表率的故事。

北周武帝宇文邕（五四三～五七八年），字禰羅突，鮮卑族宇文部人，是北周後期一位很有作為的年輕皇帝，也是古代尚儉抑奢的著名帝王之一。他為結束全國長期分裂的局面，促進北方各民族的融合，做出了重要的貢獻。

周武帝崇尚節儉，反對奢侈，生活儉樸，凡衣食住行都效法古代節儉的典型。白天穿的是布質長袍，晚上蓋的是布被，沒有金銀珠寶的裝飾。凡宮殿過於華麗的，下令全部拆毀，改為土夯的數尺台階，柱子上方不用薄櫨、斗栱。凡是稍顯奢華的東西一律禁止使用。他在位的短短七年內，先後七次頒發詔書提倡節儉，主張削減宮廷開支。他巡幸雲陽宮時，下令將并、鄴兩地的豪華建築全部拆除，材料分給貧苦的百姓，自己住在簡陋的房舍內。

保定二年（五六二年）冬，周武帝頒詔說：

「樹立元首，主宰天下，本意在於宣明教化，養育百姓，豈能只關心自己身分的尊隆華貴、地位的奢侈豪富？因此唐堯穿粗葛之衣，進粗糙之食，尚且臨汾陽而長嘆，登姑射山而聯想……處於尊位，我十分慚愧。如今大敵未平，軍費開支龐大，百姓家境貧虛，豈能生活富足？凡是供奉我的衣服飲食，以及四時所需要的東西，都從宮內調遣，我今日親自削減用量……你們各級官府，怎麼能不思儉省節約呢？」

建德元年（五七二年）春，周武帝下詔說：「要想政事平靜，首先要做到不騷擾百姓；要想使政治安定，首先要停止傜役。過去大興土木，沒有節制，徵發百姓，無休無

亞聖林　每年的四月初二至初五，都要在這裡舉行盛大的孟林古會，一年一度，延續至今。孟林內建有御橋、神道、享殿。享殿五間、殿後孟子墓，墓前立有巨型石碑，上書：亞聖孟子墓。孟林四面環山近水、古柏參天、蔚然深秀，是僅次於孔林的又一處人造森林。

止，加上年年興兵打仗，農田荒廢。去年秋天蝗蟲為災，收成不好，有的百姓逃亡，家中亦無子女。我每天嚴肅約束自己，常懷戒慎之心。從現在起，除了法令規定的賦役之外，不許妄自徵發。這樣做，也許可以達到國家昌盛，人民富足，符合我的意願。」

建德二年（五七三年），周武帝又頒詔說：「為政在於節約，守禮唯有儉省。可是近來婚嫁競為奢華，往往耗盡資財，背離了典則先訓，官府應當加以制止。」

周武帝崇尚儉約，身體力行，成為中國歷史上的美談。他把提倡節儉與體恤民苦、不驚擾百姓、愛惜民財民力和促使百姓富足結合起來。這既體現了他的民本思想，又對後世產生了積極的影響。

宇文邕崇尚節儉、為民表率的故事，對促進當時形成良好的社會風尚和社會的發展產生了積極的影響。它再次證實了孟子上述名言所揭示的上行下效、化民成俗的深刻道理。

臣如手足，君如腹心

【名言】

君之視臣如手足，則臣視君如腹心；君之視臣如犬馬，則臣視君如國人；君之視臣如土芥，則臣視君如寇仇。

——《離婁下》

【要義】

君，國君。如手足，像手足一樣重要。如腹心，像愛護自己的肚子、心臟一樣而竭力維護。國人，一般的人。土芥，泥土草芥。寇仇，仇敵。

周慎靚王三年（前三一八年），孟子第二次出遊齊國。他認為，齊宣王缺乏賢才的輔佐，從前所提拔的賢才，現在都遭到了罷免。他針對齊宣王對待臣下恩禮衰薄的狀況，提出了上述名言。在他看來，國君把臣下看得像自己的手足一樣情深義重而倍加愛護，那麼，臣下就會把國君看得像自己的腹心一樣而竭力維護；國君對待臣下像狗馬一樣輕賤而毫不尊重，那麼，臣下對待國君就像不認識的人一樣而漠不關心；國君把臣下看得像泥土、草芥一樣而任意踐踏，那麼，臣下就會把國君當作仇敵一樣而切齒痛恨。

孟子所運用的「手足」與「腹心」、「犬馬」與「國人」、「土芥」與「寇仇」三對比喻，生動、形象地說明了國君怎樣對待臣下，臣下也將怎樣對待國君。三對比喻之間，具有程度的差別。手足與腹心，說明君臣之間是相待一體、恩義至重的關係；犬馬與國人，說明君臣之間心理距離擴大，彼此無恩無怨的關係；土芥與寇仇，說明君臣之間感情對立、相互仇視的關係，國君踐踏臣下，臣下就會以眼還眼，以牙還牙。

孟子的上述名言，揭示了相對待的君臣關係，強調了君臣之間的因果關係，認為國君對臣仁至義盡，臣對國君則盡心竭力，臣義是以君仁為前提條件。由此，孟子的君臣關係，既不同於墨家在下位者要以在上位者的是非為是非的君臣觀，又不同於法家下絕對服從上的君臣觀，在理論上和在實踐上，都是全面、深刻的。

孟子這種相對的君臣關係，曾被後世許多開明的政治家用來批判封建專制和封建暴君。有的封建帝王對孟子的上述名言感到恐懼。譬如洪武五年（一三七二年），明太祖朱元璋認為孟子的「土芥寇語」等話不是臣子應該說的話，便下令罷除孟子配享孔廟，命劉三吾等人修的《孟子節文》亦刪去了這一章。這就從側面表現了孟子的君臣關係對封建帝王的震懾作用。

【故事】

這裡講的是唐太宗李世民與魏徵之間進諫納諫、和諧相處的故事。

在中國封建開明帝王中，唐太宗最有「納諫」的名聲。而敢於直言諍諫的，首推魏徵。他曾先後提出兩百多項可貴的諫議，犯顏直諫，安國利民。唐太宗對他評價很高，把他當作一面鏡子。

魏徵去世後，唐太宗惋惜地說：「人們用銅鏡照自己，可以看到穿戴是否整齊；用過去的事情做鏡子，可以知道歷代興衰和更替的原因；用人做鏡子，可以知道自己的正確和錯誤。魏徵去世，我失掉一面鏡子。」唐太宗與魏徵可說是中國封建社會中君仁臣義的代表。

唐高祖武德九年（六二六年），發生了玄武門之變，李世民即位稱帝，就是唐太宗。當時全國政權還不穩定，尤其是山東地區是各種衝突的焦點。

這裡曾是農業最發達的地區，由於隋末的破壞，雖經唐朝開國幾年的治理，仍然無太大的改變；這裡曾經是河北起義軍和瓦崗軍的根據地，人民最富有反抗精神，這裡又是原皇太子李建成地方勢力的據點，各州府縣都有他的黨羽，因此，山東問題是唐太宗執政的心腹之患。如何穩定政局，安撫山東，成了當務之急。唐太宗手下雖然已有房玄齡、杜如晦等一批謀士，組成了十分可觀的參謀機構，但是還找不到安撫山東地區的恰當人選。魏徵的才能和建樹，唐太宗是瞭解的，他憑著敏銳的頭腦琢磨了魏徵前一段時期錯綜複雜的經歷，權衡了利弊，決定親自召見魏徵。

唐太宗一見魏徵，就非常生氣地責問說：「你為什麼要離間我們兄弟之間的關係？」在場的大臣們看到這般情況，十分恐懼，都為魏徵捏一把冷汗。魏徵卻十分鎮靜，舉止自若，從容地回答說：「當時我在太子手下做事，當然要忠於太子。可惜那時太子沒有聽我的話。要不然，也不會有今天的禍害。」

唐太宗聽後非但沒有發火，反而覺得魏徵這個人說話直爽，很有膽識和人格，就和顏悅色地說：「這已經是過去的事，不用再提了。」就任命魏徵為詹事主簿，掌管東宮印檢。沒有幾天，又拜他為諫議大夫，出使安撫山東地區，准許他可以根據實際情況，自行處理一切軍政大事。

魏徵到達磁州（今河北磁縣）時，看到幾輛囚車，是河北地方州、縣把已故太子僚屬、東宮千牛（護衛）李子安和齊王府護軍李思行械鎖押解到京師。魏徵感到十分不安，就對副使李桐客說：「我們受命出使山東的時候，主上已下敕對已故東宮宮屬和齊王府的府僚不再追問。但是，州、縣仍未執行，這會使人懷疑，失信於民。朝廷此次派遣我們安撫山東，又有哪個人能相信呢？這豈不是差之毫釐，失之千里嗎？我們寧願自己承擔責任，也要保全國家大計。如果現在釋放他們，不追究他們的責任，那麼，朝廷的信義很快就會影響到各地。」於是，他立即釋放了李思行等人。蒲州萬泉縣（今山西稷縣西）縣丞唐臨聽到這個消息，也把獄中罪案相似的人犯釋放歸里。經過魏徵果斷地處理，很快穩定了山東、河北地區的局面。唐太宗得到奏報，十分滿意。

唐太宗勵精圖治，經常召見魏徵，讓他諫議治國施政的得失，魏徵總是知無不言，言無不盡。對於魏徵籌畫的謀策，唐太宗總是言聽計從。魏徵提倡不要當面贊成，背後又有意見。他先後向唐太宗陳諫兩百多事，常犯顏直諫，唐太宗有時雖然怒不可遏，但仍然神色不移，不因此放棄勸諫。他曾把出於荀子「水能載舟，亦能覆舟」的名言告訴唐太宗。唐太宗一直記在心頭，後來看見太子李治乘船，就因勢利導向他進行教育說：「船好比是皇帝，水好比人民，水能使船浮起來，也能使船翻掉。」

有一次，唐太宗問魏徵道：「歷史上的人君，為什麼有的人明智，有的人昏庸？」魏徵向唐太宗列舉了歷史上的許多例子，說：「兼聽則明，偏聽則暗。」「治理天下的人君如果能夠採納臣下的意見，那麼，下情就能上達，誰要想蒙蔽也蒙蔽不了。」魏徵還勸諫唐太宗對自己喜歡的人，要看到他的缺點；對自己不喜歡的人，要看到他的優點。

魏徵經常勸告唐太宗時刻把「居安思危」、「善始克終」當作座右銘。凡是居安忘危、影響善始克終的言行，魏徵總是盡力諫止。

唐初規定，男子十八歲成丁，開始服徭役和兵役。貞觀三年（六二九年），唐太宗批准右僕射（尚書省長官，分左右僕射，都是宰相）封德彝（彝音ㄧˊ）的奏疏，決定下令徵未滿十八歲的男子中身體壯實的當兵，並下達了命令。作為諫議大夫的魏徵以為不可，並拒絕簽字。

當時，皇帝的命令要由有關大臣簽署後才能生效，所以唐太宗大為惱火，責問魏徵為何如此固執？魏徵嚴肅地回答道：「我聽說，把河弄乾去捉魚，不是捉不到魚，但是明年就沒有魚了；把森林焚毀去掠取野獸，不是捉不到野獸，但是明年就沒有野獸可捕捉了。如果把未滿十八歲的男子全部點檢入軍，必然使勞力減少，農田荒廢，明年的賦稅、徭役從哪裡去徵收呢？」

唐太宗恍然大悟，明瞭利弊，並表示立即糾正。魏徵接著說：「用兵的要訣是在於用兵得法，而不在於人員眾多。陛下只要按規定點取身體壯健的壯丁，經過正規的訓練，完全可以無敵於天下，何必要取一些身體羸弱的人，來增加幾個虛數呢？而陛下也經常對大家說：『朕要以誠實和信用來統治天下，要使群眾和百姓都沒有欺騙和妄詐的行為。』但您現在即位不久，失信於百姓的地方已經有好多次了！」

唐太宗聽了，吃驚地問：「朕在哪些地方失信了？」

魏徵說：「陛下剛即位時，曾經下詔：拖欠官府的錢物和糧食，一律免除。但有關部門認為欠秦王府的錢糧不是官物，照徵不誤。陛下從秦王升為天子，秦王府不是官府是什麼呢？陛下曾明令規定：關中地區免收租賦兩年，關外地區再增加一年。可是沒有幾天，陛下又下敕書說『都從明天開始繳納』，以前下的敕令不算數了。如今已經服了勞役或交了租賦的，又被徵當兵，這是不是說話不算數？陛下一向說要以誠信待人，為什麼徵兵的時候懷疑百姓作假？無緣無故懷疑人，這能算講信用嗎？」

魏徵一席話，說得唐太宗滿臉通紅，啞口無言，但還是強作笑顏地說：「我過去總以為你固執，不通情達理，今天你講了治國的大計，都切中要害。國家的號令不講信用，那麼人臣百姓不知所從，天下也就難於治理了，這確實是我的過錯啊！」於是，又重新下了一道詔書，免徵未滿十八歲的男子，並賞賜魏徵金甕一只。

有一次，唐太宗從長安到洛陽，中途在昭仁宮（今河南壽安）休息，因為對他的用膳安排不周而大發脾氣。魏徵當面批評唐太宗說：「隋煬帝就是因為常常責怪老百姓不獻食物，或者嫌進獻的食物不精美，遭到百姓反對而滅亡。陛下應該從中記取教訓，兢兢業業，小心謹慎。如能知足，今天這樣的食物，陛下就能滿足了；如果貪得無厭，即使食物好一萬倍，也不會滿足的。」

唐太宗聽後不覺一怔，說：「如果不是你，我就聽不進這樣中肯的話。」

魏徵針對唐太宗怕亡國的心理，隨時隨地用隋煬帝失敗的教訓來提醒唐太宗，使他能從奢縱的道路上警醒過來。但唐太宗畢竟是一個自尊心很強、至高無上的皇帝，對過分尖銳的話，常常不能忍受。

唐太宗最鍾愛的女兒長樂公主出嫁時，他叫經辦人把嫁妝辦得特別豐盛些，比長公主（皇帝的姐妹）的標準還要高一倍。魏徵認為唐太宗因疼愛女兒而隨便違反制度，在禮節上、道理上都講不過去，因而竭力反對，在朝堂上當著眾臣面與唐太宗爭得面紅耳赤。

唐太宗下朝後怒氣沖沖地回到宮院，見到長孫皇后，說道：「朕總有一天殺掉這個鄉巴佬。」皇后問是誰，唐太宗說：「魏徵經常當眾侮辱我！」皇后立即換上朝服，站在庭院中，向唐太宗慶賀。唐太宗驚問：「這是幹什麼？」皇后說：「古語說『君明臣直』。魏徵直，正是陛下英明的緣故，我怎麼能不向陛下道賀呢！」唐太宗聽了長孫皇后委婉的批評，馬上心平氣和了。

貞觀十一年，魏徵寫了《諫太宗十思疏》的著名奏章。他用前代興亡的歷史教訓，提醒唐太宗「居安思危，戒奢以儉」。唐太宗接到這篇奏章後，親手寫了詔書答覆魏徵。詔書中承認自己的過失，接受魏徵的勸告，並將奏章放在案頭上，作為警戒和督促。

貞觀十三年（六三九年），魏徵任門下侍中時，又上《十漸不克終疏》，指出了唐太宗在十個方面不能善始善終的缺點，督促他及時警覺，勸諫他繼續保持貞觀初年那種節儉、敦樸、謹慎的作風。唐太宗接到這一奏章後，反覆研究，深感言之有理，就把它寫在屏風上，便於朝夕閱讀，引起警惕。他並親自向魏徵表示：「我聞過能改，安不忘危，一定要善始善終，絕不違背此言。」還賞賜魏徵黃金二十斤、馬二匹。

唐太宗對魏徵的評價是很高的。他曾說過，在統一戰爭和奪取皇位的過程中，房玄齡的功勞最大；貞觀以後，魏徵安國利民，犯顏正諫，功勞最大。貞觀十七年（六四三年），魏徵去世，唐太宗親自去弔唁，親自撰寫碑文加以表彰，並在一次朝會上對群臣說：「魏徵去世，朕猶如失去了一面鏡子。」

湯執中，立賢無方

【名言】

湯執中，立賢無方。

——《離婁下》

【要義】

湯，商王朝的創始人，孔孟儒家崇拜的聖明君主，在歷史上佔有重要的地位。執中，堅持中正之道。立賢無方，選拔賢才不拘泥於一定的常規。

任人唯賢，是孟子德治思想的一項重要內容。他在遊歷諸侯國的過程中，多次勸告諸侯國君要效法古代聖賢，選拔、任用賢才，從而提出了上述名言，認為商湯堅持中正之道，選拔賢才不拘泥於一定的常規。

孟子還讚揚文王等聖賢的任人唯賢，指出：「文王看到百姓，就好像看到他們受了傷害一樣，予以撫慰，不加侵擾；武王不輕侮在朝廷中的近臣，不遺忘散在四方的遠臣。周公想兼學夏、商、周三代的君王，來實踐禹、湯、文王、武王的事業。如果有不合於當日情況的，便抬頭夜以繼日的思考；僥倖想通了，便立即付諸實踐。」

孟子的上述名言頌揚了古代聖賢任人唯賢的高尚品德，目的是記取歷史經驗，勸諫諸侯以聖賢為榜樣，施行德政，進而統一天下。後世許多思想家、政治家大都繼承了孟子任賢使能的主張，對促進當時社會的穩定、發展產生了積極的作用。

【故事】

這裡講的是商湯不拘一格任用賢人的故事。

伊尹，出生於伊水流域（今河南洛陽附近）。他在幼小的時候就被賣到了有莘國（今開封陳留一帶）當奴隸。由於他聰明手巧，會一手出色的烹調技術，很得有莘國君的喜歡，就讓他專門擔任招待賓客的廚子。伊尹並不以此為滿足，他經常向客人打聽各國的情況，瞭解政治形勢的變化，以便時機到來時能做出一番事業。

有一次，商湯的左相仲虺（虺音ㄏㄨㄟˇ）給夏桀送貢品時，在有莘國住了幾天，他無意間發現這個送飯菜的奴隸伊尹很有才智。交談之中，仲虺發現伊尹果然是個很了不起的人，就想把他贖買出來，帶回國去。但是有莘國的國君無論如何也不同意讓伊尹離開有莘國，無奈之下，仲虺只好拿些財物送給伊尹，讓他自己用這些財物把自己贖買出來，免去奴隸身分。

仲虺回國後就向商湯舉薦了伊尹，商湯立即派了一名使臣帶著車馬和聘禮，到有莘國去請伊尹。使臣到了有莘國後，明察暗訪，花費了好幾天的工夫，才在野外的一間小茅草屋裡找到了伊尹。使臣把伊尹上下打量了一番，看到他又黑又矮，蓬頭垢面，還長了一臉大鬍子，覺得實在平庸無奇，不由得顯出一副傲慢無禮的神氣來，他向伊尹說道：「你就是伊尹吧！我們商王想見你，你算走運了，趕快收拾東西跟我上車吧！」

伊尹被這傲慢無禮的行為激怒了，馬上以一種凜然不容侵犯的態度從容地回答：「你大概是商國派來的使臣吧！我伊尹有田種，有飯吃，過得像堯舜一樣痛快，為什麼要去見你們商王呢！」商國的使臣碰了一鼻子灰，只好垂頭喪氣地坐上車子回去了。

商湯派使臣來請伊尹的事，早已驚動了有莘國的國君，他怕伊尹被商國請回去對自己不利，就找了個藉口把伊尹抓了起來，等到第二次仲虺親自來請時，他已失去了人身自由。仲虺只好向有莘國君說明來意，請他把伊尹放出來隨他一同到商國去。有莘國的國君當面拒絕了仲虺的要求，仲虺只好悻悻而回。

仲虺回來後，把到有莘國的情況向商湯稟報了一遍，商湯有些失望。仲虺這時又向商湯建議說：「現在唯一能把伊尹請來的辦法，就是向有莘國求婚，這樣就可以要求伊尹作為陪嫁奴隸，和有莘國的女兒一起來商國。這樣，不僅可以請來伊尹，而且也免去了有莘國的疑慮。」商湯連連點頭，馬上派人到有莘國去求婚。使臣到了有莘國，有莘國的國君完全答應了商湯的要求，就讓伊尹作為陪嫁奴隸陪女兒到商國去。

伊尹來到了商國，商湯顧慮到他是一個陪嫁奴隸，如果讓他擔任重要職務，大臣們一定會表示反對，於是就把大臣們召集起來，然後讓伊尹當面抒發他的抱負，談談對天下大事的看法。只見伊尹不卑不亢地拜了一拜，然後用目光掃視了一下商國的群臣，從容不迫地講道：

「我是一個奴隸，本來是無權參與政事的，但現在商王既然把我請來，我也不妨說說我對當今天下的看法。現在夏桀荒淫昏庸，鬧得天下很不太平，人們已經吃盡了苦頭，只恨他還不滅亡。在這污濁無道的天下，商王算得很難得的一位明君了。他伸張正義，滅掉葛國，寬厚仁慈，取信於民，已是天下眾望所歸。要想解救天下的人們，只有輔佐商王，積聚力量，滅掉夏國。我很早就有這種想法，今天來到商國，正是實現這一想法的良機。如今商王對我這樣的奴隸不加鄙視，我還敢不盡全力嗎？」

一席話說得商湯的大臣們深為敬服，連連點頭稱是。商湯也感到伊尹果然是個不可多得的人才，於是就當眾任命伊尹為商國右相，和仲虺共同議決各種國事。伊尹就這樣由一個奴隸一躍變成了商國的宰相。

湯在伊尹的幫助下，勢力更加強大，最後終於滅掉了搖搖欲墜的夏王朝，建立了商朝。伊尹也成為商朝的開國功臣之一。

商代初年，伊尹一直是商王朝的重要輔臣，他的地位非常高，權力也很大，是商政權中一位舉足輕重的元老。商湯死後，他的作用就更加顯著了。

商湯原來有三個兒子，大兒子太丁很早就病死了。二兒子外丙在湯死後由伊尹扶持繼位做了商王，但是不久就死了。於是伊尹又立他的弟弟仲壬為王，過了不久，仲壬又死了。伊尹只好立太丁的兒子太甲為王。

太甲由於從小生活在帝王之家，只知歌舞玩樂，因此他即位後，也不管什麼政務民事，一味嬉遊，尋歡作樂。大臣們對此感到憂心忡忡，但卻束手無策。伊尹也一再教導太甲要向祖父湯學習，像他那樣勤政愛民，刻苦耐勞，創出一番事業來，而不能耽於遊樂。否則，最終就會像夏桀一樣亡身亡國。但太甲玩興正濃，根本聽不進這些勸誡，十分厭煩。太甲知道伊尹是開國功臣，從前祖父、父親、叔父們都讓他三分，自己對他也不好發作，只把規諫當作耳邊風，依然我行我素。

伊尹看到太甲執迷不悟，而且愈來愈不像話，心想：太甲現在年紀輕輕，已經如此放縱，將來豈不是夏桀第二？由於勸誡毫無結果，伊尹和其他大臣就聯合起來把太甲送到湯墓附近的相宮（今河南偃師西南）軟禁起來，讓他靜心思過。

太甲住在相宮裡，起初感到非常煩惱，想想自己花天酒地的過去，看看眼前的處境，十分想不通。伊尹代理太甲處理商王朝的一切事務，各方面很快都重新上了軌道。每有餘暇，他就來到相宮教育太甲，向他講述商湯建立商朝的艱辛。久而久之，太甲也意識到自己的過去是非常錯誤的，屢次三番地向伊尹表示願意悔過自新。

光陰荏苒，一晃三年。在這三年裡，伊尹和大臣們也暗地觀察太甲的一舉一動，只見他稚氣盡脫，行為循規蹈矩，時常沉思默想，一副憂國憂民的樣子。伊尹看他與三年前相比判若兩人，非常高興，便親自攜帶商王的冠冕衣服到相宮，迎接太甲返回都城亳再登王位，把國政交還太甲自理。

太甲重新登上了王位，果然不負眾望，宵衣旰食（旰音ㄍㄢˋ，日落的時候，旰食：晚食），勤政愛民，成為一位賢明的君王，為商朝的發展做出了不少的貢獻。

商湯不拘一格任用伊尹，促進了商王朝的興盛發展。孟子「湯執中，立賢無方」的名言，就是對這一歷史經驗的深刻概括和總結。

以意逆志，是為得之

【名言】

故說詩者，不以文害辭，不以辭害志。以意逆志，是為得之。

——《萬章上》

【要義】

說詩，解說詩歌。以文害辭，拘泥於文字而誤解詞句。以辭害志，拘泥於詞句而誤解詩的原意。以意逆志，透過詩歌作者的本意去考察作品所表現的思想情感。得，正確、收穫。

在長期的教育活動中，孟子對弟子的疑問總是循循善誘，予以認真回答，為他們解釋疑難，使之增長知識。

有一天，學生咸丘蒙詢問說：「《詩經》說：『普天之下，沒有一塊不是天子的領土；領域之內，沒有一人不是天子的臣民。』舜既然成為了天子，能說他的父親不是自己的臣民嗎？」

孟子批評咸丘蒙對詩的理解是望文生義。實際上，咸丘蒙所引用的「普天之下」四句詩，下面還有兩句「大夫不均，我從事獨賢」。這是作者的哀苦怨悱之歌。他哀苦的是終日為國君的政事操勞，而不能奉養父母；怨的是大夫不均，勞逸懸殊。正如孟子所理解的那樣：「這首詩主要闡述的是作者為國家政事操勞，而沒有空閒和精力去侍奉父母。他說：『這些事沒有一件不是天子的事，為什麼偏我一個人這樣勞苦？』」孟子接著提出了正確理解詩所表達的思想情感的「以意逆志」的名言。他指出：「解說詩的人，不要拘泥於文字而誤解詞句，也不要拘泥於詞句而誤解詩的原意，而是要通觀全詩的基本傾向，透過作者的本意去考察作品的思想情感，這樣才能得到正確的答案。」

為了進一步闡述上述名言，孟子又列舉《詩經．大雅．雲漢》的詩句說：「如果僅從詞句理解，詩中說『周朝留下的臣民，沒有一個生存』，就會誤解為周朝沒有一個人存留下來。」孟子認為，如果採取以意逆志的方法，就會知道這是作者的誇張寫法，用以表明詩人對罕見大旱的憂懼。就是說，如果大旱持續下去，那麼周朝的人民就會死絕，無一存留了。

孟子的上述名言，抓住了詩是運用誇張等形象化的語言表達思想情感的基本特徵，看到了文學語言與非文學語言的區別，認為僅從表面的文字和詞句理解作品，就會曲解作者的原意，強調全面分析詩的整個篇章和正確理解詩所表達的思想情感。這就包含了對藝術欣賞特徵的深刻理解。同時，還應看到，這一名言與孟子強調的道德修養是緊密相連的。孟子主張，人們為了追求高尚的道德境界和完善自己的道德品質，一個重要的途徑就是學習古人的高尚道德品質。為此就要吟誦古人的詩篇，正確理解詩人的思想情感。因此，孟子的上述名言對我們學習古人的優秀品質，具有積極的借鑑意義。

【故事】

孟子的上述名言還有著一段生動的故事。

有一天，孟子的學生咸丘蒙看見老師正在聚精會神地看書，便在屋外徘徊。孟子聽見了屋外的動靜便打招呼說：「有什麼事情就進來說吧！」咸丘蒙便跨進屋來，態度恭敬地問：「古語說：『道德高尚的人，國君不能以他為臣，父親不能以他為子。』舜面向南做了天子，堯率領諸侯面向北去朝見他；他的父親瞽瞍（瞽瞍音ㄍㄨˇ ㄙㄡˇ，盲眼的老人）也面向北去朝見他。舜看到父親後表現出侷促不安的樣子。孔子說：『在這個時候，天下岌岌可危啊！』不知道這話是真的嗎？」

孟子雙眼注視著咸丘蒙，果斷地回答說：「不！這不是君子的語言，而是齊國農夫荒唐無根據的編造！」孟子略一停頓，接著澄清事實說：「當初，堯的年紀大了，只是讓舜代理政事。《尚書．堯典》說：『舜代理政事二十八年，堯才去世，群臣百姓如喪考妣。服喪三年之內，全國停止一切娛樂活動。孔子曾說：『天上沒有兩個太陽，百姓沒有兩個天子。』如果舜在堯之前做了天子，又帶領天下諸侯為堯服喪三年，這便是同時有兩個天子。」

咸丘蒙仔細聽完孟子的回答，便點了點頭，高興地說：「舜沒有把堯當作臣，我明白您的教誨了。」一話沒說完，咸丘蒙臉上又顯出疑惑的神色詢問說：「《詩經》上曾說：『普天之下，沒有一塊不是天子的領土；境域之內，沒有一人不是天子的臣民。』舜既然成為天子，能說他的父親不是自己的臣子嗎？」

孟子對咸丘蒙說：「你對詩的理解是望文生義，《詩經．大雅．北山》這首詩，不是你理解的那種意思，而是說作者本人終日為國事操勞以致不能親身奉養父母。他說：『這些事沒有一件不是天子之事呀，為什麼獨我一個終日勞苦呢？』」孟子略一停頓，自問自答地說：「怎樣才能正確理解詩的原意呢？解說詩的人，不要拘泥於文字而誤解詞句，也不要拘泥於詞句而誤解作者的本意，而是要通觀全詩的基本傾向，透過作者的意旨去考察作品的思想情感，這樣才能得到正確的答案。如果僅從詞句上理解，《詩經．大雅．雲漢》的詩句說：『周朝留下的百姓，沒有一個存留。』就會誤認為周朝沒有一個人生存下來。如果採用以意逆志的方法，就會知道作者的這種誇張說法，用以表達自己對罕見大旱的憂懼，認為如果天旱持續下去，那麼周朝的百姓就會死絕而無一存留了。」

孟子說到這裡略一停頓，微笑著對咸丘蒙說：「孝子盡孝的極點，沒有超過尊敬父母的；尊敬父母的極點，沒有超過用天下來奉養父母的。瞽瞍成為天子的父親，可說是尊貴到了極點；舜用天下來奉養父親，可以說是奉養的極點。《詩經》說：『永遠恪守孝道，孝就是天下的法則。』講的就是這個道理。《尚書》說：『舜恭敬小心地侍奉瞽瞍，態度謹慎敬畏，瞽瞍受到感化，也就變得和順而順理而行了。』這難道是你所理解的『道德高尚的人，父親不能夠以他為子』嗎？」

咸丘蒙畢恭畢敬的向孟子施禮說：「您對詩的理解是多麼正確啊！我接受您的教誨了！」孟子臉上露出了笑容，向咸丘蒙投去了讚許的目光。

友也者，友其德

【名言】

友民者，友其德也，不可以有挾也。

——《萬章下》

【要義】

友，與人交朋友。挾，倚仗、倚恃。

朋友關係，是孟子提出的五種基本人際關係之一。他主張朋友之間要以善為貴，講求誠信，學習對方的高尚品德，不斷促進自身的道德修養。

有一天，學生萬章詢問說：「請問交朋友的原則是什麼？」孟子於是提出了上述名言。他認為，交朋友不倚仗自己年齡大，不倚仗自己地位高，不倚仗兄弟的富貴權勢。結交朋友，就是學習對方的高尚品德，因此心中不能有任何倚仗的觀念。

孟子又列舉了若干事例，論證這一交友的原則。孟子首先列舉大夫、國君的交友，指出：魯國的孟獻子是一位擁有百輛兵車的大夫，結交了樂正裘、牧仲等五位朋友。他結交朋友時並不倚仗自己的寶貴權勢。他的五位朋友如果認為孟獻子具有大夫的富貴權勢，也就不會與他結交朋友。小國的君主也有這種意義上的朋友，譬如費惠公拜子思為師，把顏般當朋友，把王順、長息當作服侍的人。大國的君主也有這種意義上的朋友，譬如晉平公去拜訪隱居在狹小巷子裡的亥唐。亥唐讓他進就進，讓他坐就坐，讓他吃就吃，即使是粗茶淡飯，也吃得很滿足。由此可見，孟獻子、費惠公、晉平公的交友都不倚仗自己的富貴權勢。

孟子又以堯與舜為事例，論證了天子與百姓的交友。他指出：舜在田間耕作的時候，堯把舜當作朋友，並且有禮貌地接待他。舜有時去朝見堯，堯便安排舜住在副宮裡。有時堯到舜那裡去吃飯，兩人輪流互為賓主，這是天子與百姓交友的範例。

孟子的上述名言，強調了朋友之間應互相學習對方的高尚人格和高貴品質，不能存在任何倚仗的觀念。地位高的人，不能倚仗自己的富貴權勢；地位低的人，也不因為對方的地位權勢高於自己而不與他結交。朋友之間沒有高低貴賤的區別，兩者在人格上是平等的。孟子提出的這一交友原則，既反映了他爭取士階層社會地位的願望，又表現了他學習朋友的高尚品德而加強修養的主張，對後世產生了重要影響。即使是在現代社會生活中，孟子的交友名言對我們如何結交朋友也有一定的啟示作用。

【故事】

下面講的是三國時期竹林會友的故事。

嵇康是三國時北魏文學家，不但能寫得一手好文章，還愛好音樂，能彈琴，善吹笛。他是個很講究氣節的人，非常愛竹，就在家鄉種了一片竹林，在竹林深處蓋了一間竹屋，竹屋前放了一張竹桌，竹桌上放著文房四寶和竹笛，另有一把竹椅，悠閒獨處，讀書寫詩，彈琴吹笛。

嵇康交友，更是講究，常以竹量人，不三不四、不學無術、沒有德性氣節的人，不與交往。由於他有了名聲，來拜訪的人很多，他常常躲起來，不予會見。

有一天，他正在竹林中寫文章，忽聽到有人進了竹林，便拉紙提筆，想寫幾句拒客詩，剛寫好一句，腳步聲近了，於是便扔下筆匆匆鑽進密林深處躲了起來。來人名叫阮籍，也是個有名氣的詩人，他走近竹屋一看無人，以為嵇康不在家，很覺掃興。轉身走時，猛見桌上詩箋上有行字，仔細一看，寫的是「竹林深處有籬笆」，墨跡還沒有乾。阮籍望著墨跡，思索著詩意，明白這是句拒客詩。阮籍嘿嘿一笑，提筆在那句詩的下面寫句「籬笆難擋笛聲轉」。寫罷，便拿起桌上的竹笛使勁吹了起來。

這一吹不要緊，來找嵇康的人循聲而來，一會兒就來了五個人，他們是山濤、向秀、阮咸、王戎、劉伶。那些人只見阮籍吹笛，不見嵇康，便向阮籍詢問嵇康的去處。阮籍向桌上的詩箋努了努嘴，一語不言，微笑著只管吹他的「高山流水」。大家一見詩箋，明白了，於是一人一句在下聯對起詩來。

嵇康躲在暗處，原想來人見不到他就會回轉的，誰知來人不但不走，反而愈來愈多，萬般無奈，只好出面相會了。

阮籍一見嵇康，哈哈大笑起來：「來來來，以文會友。詩箋上你起了頭句，看來是叫來人作聯詩的，我們都聯了一句，你看看我們這些人值不值得一交？是拒是會看你大筆一揮了。」嵇康拿起詩箋來看，只見上面寫著：「竹林深處有籬笆，籬笆難擋笛聲轉。笛聲換來知音笑，笑語暢懷凝筆端。筆筆述志走詩箋，筆筆錄下珠璣言。箴語共話詠篁句……」

嵇康一看聯詩每句起頭之字都是竹字頭，心想：來者都是喜愛竹子之人，值得一交，於是便提筆在下邊添了句：「篁篁有節聚七賢。」從此以後，這七個人成了好朋友，史稱「竹林七賢」。他們經常在竹林裡聚會，無話不說，無所不談，相互間結下了深厚的友誼。

嵇康竹林會友的故事，再一次證實了孟子上述名言所揭示的朋友之間要學習對方高尚品德的深刻道理。

多聞則天子不召師

【名言】

為其多聞也，則天子不召師，而況諸侯乎？

——《萬章下》

【要義】

多聞，見聞廣博。

為了實現以仁政治國平天下的政治抱負和願望，孟子率領弟子遊歷齊、梁等諸侯國。有一天，弟子萬章詢問說：「老師您不主動地去拜見諸侯，是什麼道理呢？」

孟子回答說：「沒有職務的士人居住在都城的叫做市井之臣，居住在農村的叫做草莽之臣。這兩種人都是平民百姓。百姓不向國君致送見面禮物而成為臣屬，就不敢去拜見諸侯，這是合乎禮的規定嗎？」

萬章接著又問：「國君召百姓去服役，就去服役；國君召喚他，卻不去謁見，這合乎禮的規定嗎？」萬章接著又問：「國君召百姓去服役，就去服役；國君召喚他，卻不去謁見，這是為什麼呢？」

孟子回答說：「百姓去服役，這是庶人分內的事；士人不去拜見諸侯，是符合禮的規定。那麼，國君召見士人，到底是因為什麼呢？」

萬章回答說：「是因為他見聞廣博和賢能。」孟子接著闡述了國君對待賢人應遵循禮義原則，從而提出了上述名言。

在孟子看來，既然是因為士人的見識廣，那就應該拜他為師。連天子都不能發號施令地召喚老師去，何況比天子低一級的諸侯呢？如果因為他賢能，我卻沒有聽說過想見賢人卻用命令的方式召見的。

為了論證上述名言，孟子又列舉子思與魯繆公相交往的事例說：「魯繆公屢次去拜訪子思，說道：『古代擁有千輛兵車的國君如果想和士人交友，是怎樣的呢？』子思不高興地說：『古人的話是說國君以士人為師吧！難道說的是和士人交友嗎？』子思的不高興，難道不是這樣的意思嗎：『論地位，你是君主，我是臣下，哪敢與國君交朋友呢？論道德，你是向我學習的人，怎麼可以和我交朋友呢？』擁有千輛兵車的諸侯想與賢人交朋友尚且不可，何況召喚他呢？從前，齊景公田獵時，用不合乎禮儀的方式召喚管理獵場的官吏。這位官吏不服從召喚，齊景公氣憤地想殺死他。孔子稱讚這位官吏說：『有志之士不怕死無葬身之地而棄屍山溝，勇敢的人見義勇為而不怕喪失生命。』孔子稱讚這位獵場管理員的哪一點呢？就是讚揚他的不屈服於不合禮儀的召喚。」

孟子進一步指出：國君對待賢人應該遵循相應的禮儀規定。如果想會見賢人卻又不遵循禮儀，就好像請求別人進來卻關閉著大門一樣。義，就像一條光明的大路；禮，就像一扇大門。只有道德高尚的君子才能沿著這條大路前進和由這扇大門出入。

孟子的上述名言，突出強調了國君對待臣和士人要遵循禮義的原則，禮賢下士，尊重賢人，拜賢人為師，不能違背禮義而隨意召喚老師，也不能倚仗自己的富貴權勢用違背禮義的方式召見賢人。這一名言既表現了孟子君仁臣義的君臣關係，又表現了他強調的士人志在行道和不能屈辱自己的志向而順從諸侯的高尚節操。在現代社會中，對各級領導者虛心向群眾學習和尊重、任用賢能的人，仍具有深刻的啟示。

【故事】

這裡講的是魏文侯尊重賢人、拜賢人為師而使魏國強大的故事。

魏文侯（前四四五～前三九六年）是戰國時代魏國的創建者，是當時最有聲望的諸侯。

魏文侯尊重賢人，在戰國時代被傳為佳話。他曾拜孔子的弟子子夏為師，虛心地向子夏學習經學。他還有禮貌地接待子夏的學生段干木。有一次，魏文侯乘車經過段干木的鄉里，他畢恭畢敬地用雙手扶著車廂前的橫木俯首表示敬意。他的隨從見國君如此以禮對待賢人，都不由自主地伸出大拇指表示讚嘆。

秦國曾想攻伐魏國，有人勸阻秦王說：「魏國國君禮遇賢人，魏國人民稱讚他有仁德，上下和睦同心，還不能圖謀呀！」秦王只好打消了伐魏的念頭。

周安王二年（前四〇〇年），魏文侯為確立宰相而徵求李克的意見說：「先生曾經教導我說『家貧就思慕良妻，國亂就思慕良相』，現在選擇宰相不是魏成子就是翟璜，你認為這二人怎麼樣？」

李克回答說：「我知道，地位卑賤的人不謀慮地位尊貴之人的事，關係疏遠的人不謀慮關係親密之人的事。臣在京城之外做地方官吏，不敢承當擇立宰相的重任。」

文侯說：「先生遇上大事不要謙讓。」

李克說：「國君您是沒有考察呀！平居時看他親近的人，富有時看他交往的人，顯達時看他舉薦的人，困厄時看他不做的事，貧窮時看他不取的物，憑這五方面足以確定人選了，何必等我李克說啊！」

文侯胸有成竹地說：「先生回家吧，我的宰相確定了。」李克快步出宮，經過翟璜家門前。翟璜攔住了李克詢問說：「今天聽說國君叫先生去徵詢擇相之事，到底誰任宰相？」

李克說：「魏成子任宰相了。」

翟璜生氣得變了臉色說：「憑眼所見，憑耳所聞，我哪裡比不上魏成子？西河的守將吳起是我舉薦的。國君內心為鄴邑擔心，我舉薦了西門豹。國君想圖謀討伐中山國，我舉薦了樂羊。中山攻下後，無人守護它，我舉薦了先生您。國君的兒子沒有老師，我舉薦了屈侯鮒。我哪點比不上魏成子！」

李克說：「您把我李克舉薦給國君，難道是為了結黨營私謀求大官嗎？國君問我選擇宰相，『不是魏成子就是翟璜，這二人怎麼樣？』我回答說：『國君您是沒有考察啊！平居時看他親近的人，富有時看他交往的人，顯達時看他舉薦的人，困厄時看他不做的事，貧窮時看他不取的物，憑這五方面足以確定人選了，何必等我李克說呢！』因此知道魏成子將做宰相了。再說您哪能與魏成子相比呢？魏成子有千鍾的食祿，十分之九用在外面，十分之一用於家中，因此從東方招來卜子夏、田子方、段干木。這三個人，國君都尊為老師。您所舉薦的五個人，國君都當作臣子。您哪能與魏成子相比呢？」

翟璜深感愧疚不安，再拜說：「我是沒見識的人，回答不得當，願終生做您的學生。」

魏文侯任魏成子為宰相，同時又啟用了一批賢人。在賢臣的輔佐下，魏國日益強盛起來。

善士斯友善士

【名言】

天下之善士，斯友天下之善士。以友天下之善士為未足，又尚論古之人。

——《萬章下》

【要義】

友，結交朋友。善士，道德品質高尚的人。尚，同「上」。

孟子突出強調士人的道德修養，認為為了追求高尚的道德境界和保持高尚的道德情操，就應該與道德高尚的人交朋友，互相切磋砥礪，學習對方的高尚品德。正是在此基礎上，孟子提出了上述名言。他認為，一個鄉里品德高尚的人，就與另一個鄉里品德高尚的人交朋友；一個國家中品德高尚的人，就與另一個國家中品德高尚的人交朋友；天下品德高尚的人，就與天下品德高尚的人交朋友；如果以結交天下品德高尚的人還不滿足，就要進而與古代品德高尚的人交朋友，學習他們的高貴品質。

孟子的這一名言，強調了士人與不同範圍品德高尚的人結交朋友而學習對方高尚品質的道德修養方法，反映了孟子嚴以責己、奮發進取、學習他人之長的高尚品格。這對激勵人們虛心學習他人之長，不斷攀登高尚的道德境界，具有深刻的啟示。

【故事】

下面講的是伯牙與鍾子期交友的故事。春秋時期有個叫伯牙的人，以擅長彈琴而出名。他有一個好朋友叫鍾子期，對琴音又具特別的鑑賞力，所以兩人知音相投。伯牙每次和鍾子期在一起彈琴時，琴音高亢，巍巍挺拔。表現高山的雄偉時，鍾子期讚嘆說：「彈得真好啊，遠大志向融入巍巍高山！」表現流水的浩瀚時，鍾子期就讚嘆說：「彈得真好啊，我彷彿看到流水洶湧澎湃，一瀉千里。」二人相知很深，交往也更加密切，成了真正的摯友。等到鍾子期死後，伯牙認為世上再也沒人能聽懂他的高山流水之音，終生不再彈琴。

這則高山流水遇知音的故事，說明伯牙和鍾子期都能虛心學習對方襟懷坦白、光明磊落、恪守道德的高尚品德，為後人樹立了交友的典範。

非天降才殊，陷溺其心者然

【名言】

富歲，子弟多賴；凶歲，子弟多暴，非天之降才爾殊也，其所以陷溺其心者然也。

——《告子上》

【要義】

富歲，豐收年成。賴，今作「懶」，懶惰。凶歲，災荒年成。暴，強暴。爾殊，如此不同。陷溺，指處在困境中墮落不能自拔。

在道德修養中，孟子極為重視環境對人性的影響。他認為，人與動物的根本區別就在於人具有用心思維的心之官、仁義禮智道德觀念和君臣、父子、長幼等人際關係。人與人是共同類的存在，具有共同的善的本性。那麼，在現實社會中，為什麼有的人捨棄善的本性而為惡呢？孟子認為其中一個重要的原因就是受到了不良環境的影響。有一天，孟子在向學生們闡述道德修養時提出了上述名言。他認為，豐收年成，少年子弟多半依靠年成好而好吃懶做；災荒年成，少年子弟多因物資窘困而強暴。這不是天生的資質不同造成的，而是由於環境的影響才使他們的性情變壞的。

為了闡明環境對人具有重要影響這一道理，孟子又以種植大麥為例說：「人們種植大麥，播了種子，耘了土地，如果土地一樣，播種的時間也一樣，麥苗鬱鬱蔥蔥地蓬勃生長起來，到農曆夏至時，都會變得金燦燦而成熟的。雖然收穫的多少有所不同，但那是由於土地的肥沃與貧瘠、雨露的多與少、人工勤勞與懶惰的不同而造成的。所以，凡是同類的事物都大體相同，為什麼一說到人類便懷疑呢？就是聖人，也與我們普通人屬於一類。所以，從前龍子說：『雖然不知道人們腳的大小而編草鞋，但也不會編成像草筐子那樣大。』就是因為天下人們的腳形是大小差不多的。」在這裡，孟子以大麥為例，生動形象地說明了人們都具有相同的善的本性。有的人之所以不善，是受不良環境影響的結果。

孟子的上述名言，強調了環境對人的重要影響，這對激勵人們加強修養，發揮人的主觀能動性，具有積極的意義。

【故事】

這裡講的是孟子在宋、齊兩國論述環境影響的故事。

周顯王四十六年（前三二三年），孟子率領弟子們離開齊國風塵僕僕地前往宋國。在宋國期間，孟子結識了宋國大臣戴不勝。孟子透過調查發現宋國國君對實行仁政缺乏信心，其中一個重要的原因就是朝廷中缺乏輔佐國君的賢臣。孟子為了勸告戴不勝多向國君引薦賢能的人，便對戴不勝說：「你希望國君努力向善嗎？我明確告訴你一個方法。如果有一位楚國的大夫想讓兒子學習齊國語言，那是請齊國人教他，還是請楚國人教他呢？」

戴不勝不假思索地回答說：「當然請齊國人教他。」

孟子說：「一位齊國人循循善誘、耐心地教育他，然而卻有許多楚國人用楚語在旁邊喧嚷、打擾他，這樣，即使每天鞭打他，要他學會齊國話，那是不可能的。因此，要使這位兒童學習好齊國話，就要為他提供一個良好的學習環境。如果把他帶到齊國都城繁華的市區住上幾年，學習齊語，由於齊國老師的教育和周圍環境的薰陶、影響，即使鞭打他逼他說楚國話，也是辦不到的。」

孟子停頓了一會兒，便把話題轉到環境對國君的影響上。他說：「你說薛居州是一位賢士，讓他住在王宮裡與宋國國君朝夕相處，影響宋王向善。如果住在王宮裡的人，不論年齡大小，職位高低，都是薛居州那樣的賢士，那樣國君與誰一起做壞事呢？如果在國君左右的人都是獻媚取寵、為非作歹之人，那樣國君與誰一道做好事呢？道德低下的小人眾多，而賢能的人稀少，怎麼能成就國君的治國功業呢？」

戴不勝聽完孟子的話，感慨地說：「經您這樣一說，我明白了環境影響人的道理了。」

周慎靚王三年（前三一八年），孟子離開梁國後從范邑第二次前往齊國。當走到齊國邊境，正巧看見齊宣王的兒子氣度不凡，在眾人的簇擁下，田獵後登車而去。孟子長嘆一聲，對隨從的學生們說：「環境改變人的氣度，奉養改變人的體質，環境真是重要呀！齊王的兒子難道不也是人的兒子嗎？為什麼他的言行與別人特別不同呢？」

孟子沉思了一會兒，接著說：「齊王兒子的住所、車馬、衣服多半與別人相同，為什麼他的氣度與眾不同呢？就是因為他所居住的環境使他這樣的。何況那些把仁當作自己住所的人呢？有一天，魯國的君主到宋國去，在宋國都城東南城門下呼喊。守門的人聽到喊聲，站在城門上往下打量了一番，說道：『這個人不是我國的君主呀！為什麼他的聲音和我國君主的聲音相似呢？』這沒有別的原因，只因為兩國君主所處的環境相似罷了。」

學生們聽完孟子的話說：「環境對人真是具有重要影響啊！」

孟子在宋國、齊國論述環境影響的故事，說明環境對人的道德品質能產生重要影響。

捨生取義

【名言】

生，亦我所欲也；義，亦我所欲也。二者不可得兼，捨生而取義者也。

——《告子上》

【要義】

生，生命。欲，喜歡。義，道義。得兼，同時得到。捨生而取義，為正義事業而犧牲生命。

在道德修養上，孟子突出強調了人的仁義禮智道德精神價值高於生命價值。有一天，他向學生們講述道德修養時，藉由運用「魚與熊掌不可得兼」這一生動、形象的比喻，提出了「生，亦我所欲也；義，亦我所欲也。二者不可得兼，捨生而取義者也」的千古名言。

就是說，生命是我所喜歡的，義也是我所喜歡的。如果二者不能同時得到，便犧牲生命而堅持義。

為了論證「捨生而取義」的論點，孟子接著運用排比句式論證說：「生命固然是我所喜歡的，但我所喜歡的還有超過生命的，那就是義，所以我不因喜歡生命就苟且偷生；死亡固然是我所厭惡的，但我所厭惡的還有超過死亡的，那就是不義，所以我不因厭惡死亡就躲避禍患。假如人們所喜歡的沒有超過生命的，那麼，凡是可以保全生命的手段，哪有不使用的呢？假如人所厭惡的沒有超過生命的，那麼，一切可以躲避災禍避免死亡的方法，哪有不做的呢？然而有些人採用這個辦法就可以生存，但他們不去做；採用這個辦法就可以躲避災禍而免於死亡，但他們不去做。由此可以知道，有比生命更值得喜歡的東西，有比死亡更令人厭惡的東西。不僅賢人有這種心理，人人都具有這種心理，只不過賢人能使它不喪失罷了。」

孟子用形象化的文字繼續論證說：「一筐飯，一碗湯，得到了它就能活命，得不到它就會餓死。如果厲聲呼喝著給予別人，即使是陷於飢餓的行路人也不會接受；如果是用腳踐踏過再給予別人，即使是乞丐也會不屑一顧。」在這裡，孟子突出強調了人的道德精神價值高於生命價值，認為人即使陷於飢餓而使生命受到嚴重威脅時，為了保持自己的高尚人格、節操，也會寧死不接受不符合禮義的飲食。

在上述論證的基礎上，孟子嚴厲譴責了那些見利忘義之徒，指出：「然而竟有人對萬鍾的俸祿不辨別是否符合禮義就接受了。萬鍾的俸祿對我又有什麼好處呢？為了住宅的豪華、妻妾的侍奉和我認識的窮苦人感激我的周濟嗎？以前寧肯餓死都不接受的，今天卻為住宅的豪華而接受了；以前寧肯餓死而不接受的，今天卻為了獲得眾多妻妾的侍奉而接受了；以前寧肯餓死而不接受的，今天卻為了相識的窮人感激我而接受了。這種行為難道不可以停止了嗎？如果不能改正，就叫做喪失了人善的本性。」

在孟子看來，住宅的豪華、妻妾的侍奉和相識窮人的感激，它們的得失比起人的生死來要輕得多。以前為了保持高尚的人格、節操寧死而不接受無禮的飲食，今天卻為了追求這三者而接受了不符合禮義的萬鍾俸祿，這就是喪失了善良的本性。孟子的上述名言，突出強調了人的道德精神價值高於生命價值，主張在生命與道德發生衝突時應犧牲生命而保存高尚的道德仁義，從而高揚了人的高尚道德價值。它告誡人們，不論是處於貧困之時，還是身居富貴利達之時，都要使自己的行為符合禮義。孟子「捨生而取義」的千古名言，是中華民族無數志士仁人在民族存亡的緊急關頭堅持節操、英勇獻身的道德精神支柱，豐富了中華民族不畏強暴、捨生忘死的優良傳統，對後世產生了積極的影響。在現代社會中，仍具有深刻的積極意義。

【故事】

這裡講的是蘇武為維護民族尊嚴而保持高尚節操、捨生取義的故事。

蘇武（？～前六〇年），字子卿，西漢杜陵（今陝西西安東南）人。天漢元年（前一〇〇年）奉命出使匈奴，被拘留十九年，流放到荒無人煙的北海（今貝加爾湖）牧羊。他不畏強暴，拒絕匈奴的威脅和利誘，寧死不屈，於始元六年（前八一年）返回漢朝，從而表現出了崇高的民族氣節。

天漢元年（前一〇〇年），且鞮（鞮音ㄉㄧ）侯單于剛繼位，害怕漢朝趁機侵襲，便假意說：「漢朝天子就是我的長輩。」並將所扣留的漢朝使者全部放回。漢武帝見到被匈奴扣留的使者都回來了，很高興。為了報答單于的好意，他特地派中郎將蘇武拿著使節送匈奴的使者回去，把以前扣留下的匈奴使者也都放回去，還帶了許多禮物去送給單于。

蘇武奉了命令，帶著兩名副手（一個叫張勝，一個叫常惠）和一百多名士兵到匈奴去，路上跟匈奴的使者們成了朋友。

蘇武到了匈奴，送回扣留的使者，奉上禮物，卻哪裡知道單于並不是真心要跟漢朝講和啊！單于把漢朝的使者送回去只是個緩兵之計。現在他一見漢朝把使者送回來，還送了這麼多的禮物，就認為漢朝中了計，更加驕橫起來，對蘇武也不講禮貌。蘇武為了兩國和好，不便多說話，更不能發脾氣。他只等著單于寫了回信讓他回去就是了。沒想到就在這個時候，發生了倒楣的事，害得蘇武吃盡了苦頭。

蘇武沒到匈奴以前，有個漢朝的使者叫衛律，投降了匈奴。單于正需要漢人幫助自己出主意，所以就特別重用他，封他為王。衛律有個副手叫虞常，雖然跟著衛律，心裡卻很不情願。他見到衛律替匈奴出主意去侵犯中原，心裡更不痛快。他老想殺了衛律，逃回中原去，就因為沒有幫手，不敢莽撞。這時他見到蘇武和他的副手張勝來了，高興得不得了。他跟張勝本來是朋友，就暗地裡對張勝說：「聽說皇上恨透了衛律，我準備替朝廷把他殺死。我母親和兄弟都在中原，我不希望別的，只希望立了功，皇上能夠照顧我的母親就是了。」

張勝深表同情，願意幫他去暗殺衛律。誰知道「隔牆有耳」。虞常沒把衛律弄死，自己反倒被單于的手下逮住了。單于叫衛律審問虞常，還要從他身上查出同謀的人來。到了這時候，張勝害怕了。他只好把虞常跟他說的話告訴了蘇武。蘇武急得什麼似的，他說：「要是虞常供出了跟你同謀，咱們還得去上公堂。堂堂大國的使者像犯人一樣去被人家審問，不是給朝廷丟臉嗎？還不如早點自殺吧。」說著，就拔出刀來向脖子上抹去。張勝和常惠眼快，連忙拉住他的手，奪去刀，沒讓他死。

蘇武只希望虞常不供出張勝來就夠僥倖的了。虞常受了各種殘酷的刑罰，只承認張勝是朋友，他們曾經說過話，不承認跟他同謀。衛律把供詞交給單于，單于叫衛律去召蘇武他們投降。

蘇武一見衛律來叫他投降，就對常惠他們說：「喪失氣節，侮辱使命，就算活下去，還有什麼臉見人哪？」一面說，一面又拔出刀來向脖子上抹去。衛律慌忙把他抱住，蘇武的脖子已經受了重傷。他倒在地下，渾身是血。衛律叫人去請大夫。常惠他們哭得不成樣子。等到大夫到來時，蘇武還沒醒過來。大夫給蘇武灌了藥，讓他緩醒過來，然後為他塗上藥膏，紮住傷口，把他抬到營房裡去。常惠很小心地伺候著他。那個願意幫助虞常的張勝此時已經關在監獄裡了。

單于十分欽佩蘇武，早晚派人去問候，一直等到他完全好了，才叫衛律想辦法再去勸他投降。衛律奉了單于的命令審問虞常和張勝。他請蘇武坐在公堂上聽他審問。審問下來，衛律把虞常定了死罪，殺了。他對張勝說：「你是漢朝的使臣，不該跟虞常同謀暗殺單于的大臣。你也有死罪。可是單于有個命令：投降的免死。你要是不投降，我就砍了你的腦袋！」說著，他就拿刀向張勝舉著。張勝貪生怕死，投降了。

衛律回過頭來對蘇武說：「你的副手有了死罪，你不投降也得死！」他又拿起刀來，還沒砍過去，蘇武脖子一挺，不動聲色地等著。他這一挺，反倒教衛律把手縮回去了。他說：「蘇君，我也是不得已而投降匈奴。承蒙單于大恩，賜給王爵封號，擁有部眾數萬，馬牛牲畜滿山這般榮華富貴。你如今日歸降，明天就和我一樣。反之，白白葬身荒漠，化為糞土，誰還知道你？」蘇武不予理睬。衛律接著說：「你如聽從我而歸降，我即與你結拜兄弟，如今天不聽我的勸告，日後再想見我，難道還能有機會嗎？」蘇武痛罵衛律道：「你身為漢臣，不念朝廷恩典、君臣信義，反叛國家，背棄親友，投降匈奴，賣身為奴，我怎麼會見你？況且單于信任你，委以生殺大權，派你辦理此案，你不但不平心持正，反而想挑起兩國君主互鬥，坐觀成敗，包藏禍心。南越殺過漢朝使者，結果被漢朝消滅，變成了漢的九郡；大宛殺了漢使，其國王的頭顱被漢朝懸在城頭示眾；朝鮮殺了漢使，也旋即被誅滅。只有匈奴沒有殺過漢朝使者。你明知我不會降而假意相勸，其實是想殺掉我以挑起兩國戰爭，看來匈奴的災禍就要始於我之被殺了。」

衛律看蘇武絕不可能投降，就報告了單于，單于卻越發想招降他。於是將蘇武囚禁在一個大地窖中，斷絕他的吃喝。天下著雨雪，蘇武躺著不動，把雪和著氈毛一起嚼碎嚥下，竟然數日不死。匈奴人都感到很神奇。單于把蘇武流放到荒無人煙的北海，要他放牧公羊，聲言公羊生了羊羔才讓他回去，並把他的部下常惠等人另外流放他處。

蘇武到了北海邊，無人供給他食糧，只好挖野鼠洞中的草籽充飢。每天去牧羊，他都拄著漢朝使者的旄節，天長日久，節上的旄尾都掉光了。可是他把那個光桿子的使節看成自己的命根子一樣，緊緊抓住這根桿子，想念著漢武帝，想念著朝廷，想念著父母之邦。

蘇武在朝廷上有個很要好的朋友叫李陵。他出使匈奴的第二年，漢武帝派李陵帶著五千名步兵，去跟匈奴作戰。單于親自率領三萬騎兵，把李陵這點步兵團團圍住。李陵由於孤軍深入，彈盡援絕，最後投降了匈奴。後來，單于知道了李陵跟蘇武的交情，就派他到北海去勸蘇武投降。

李陵對蘇武說：「單于聽說我跟您過去素來要好，特地派我來跟您說，他很尊敬您。您反正不能回到中原去，何苦在這兒吃苦呢？不管您怎麼忠心，有誰知道呢？現在皇上已經老了，今天殺大臣，明天殺大臣，無緣無故地就把人家滅了門。皇上如此，朝廷如此，您受罪又何苦呢？」

蘇武回答說：「我是漢朝的臣下，我不能對不起自己的祖宗，不能對不起父母之邦，請您別再說了！」

過了一天，李陵又對蘇武說：「老兄，您能不能再聽聽我的話？」蘇武板著臉說：「我早已準備死了。大王（李陵封為匈奴王）一定要逼我投降的話，我就死在大王面前！」李陵見蘇武這麼堅決，忽然稱他為「大王」，聽了實在刺耳，就嘆了一口氣，只好跟蘇武分別了。

自從蘇武被匈奴扣留以後，十多年來，漢朝跟匈奴經常作戰。漢武帝發兵，少則幾萬人馬，多則幾十萬人馬。打一次仗，匈奴總得死傷幾萬人馬，懷著胎的牛、馬、羊也流了產，那些才生下來的小牛、小馬、小羊，碰到打仗照顧不了，也大批大批地死去。匈奴因此大傷元氣。後來老單于死了，他兒子即位當了單于，就派使者到漢朝來要求講和。

漢武帝同意了匈奴的要求，答應兩族和好。原來這時候漢朝也很困難。漢武帝為了打匈奴、通西域，再加上他生活奢侈，好講排場，又迷信鬼神，連年大興土木，耗費了大量的人力、物力。這許多年來，把文帝、景帝時候積下來的錢財糧食，早花得乾乾淨淨。為了弄錢，他重用殘酷的官吏，加稅加捐，加重官差，甚至讓有錢的人出錢買爵位，買官做。這班人做了官，變本加厲地搜刮老百姓，逼得老百姓難過日子。大大小小的官僚、地主還大批地兼併土地。失去土地的農民不是做了佃農，就是逃亡成為流民。再加上水災、旱災，各地方都有大批的農民起來反抗官府。

漢武帝已經看到了當時的社會危機。

征和四年（前八九年），桑弘羊等大臣向漢武帝建議說：「輪台（在今新疆維吾爾自治區）東部有五千多頃（古時候田一百畝為一頃）土地可以耕種。請皇上派人到那邊去建造堡壘，駐紮軍隊，然後招募老百姓到那邊去墾荒。這樣，不但輪台可以種五穀，而且可以幫助烏孫，讓西域各國有所顧忌。」

漢武帝趁著這個機會，下了一道詔書，拒絕了桑弘羊等人的請求，深切追悔往事，引咎自責說：「輪台在車師以西一千多里。以前發兵去打車師，雖然打了勝仗，但因為路遠，飲食困難，沿路死了好幾千人，到車師去已經死了這麼多人，別說再到車師以西更遠的地方去了。要是派人到遙遠的輪台去築堡壘，駐紮軍隊，這不是又要擾亂天下，苦了百姓嗎？我聽也不願意聽下去。目前最要緊的是：廢止殘暴的刑罰，減輕全國的賦稅，鼓勵農民努力耕種，養馬的可以免勞役。只要國家開支不缺乏，連續防守不放鬆，就很好了。」

這道詔書，後人稱為「輪台悔過」。從此以後，漢武帝就不再用兵，還用各種辦法讓老百姓能夠過日子。農民反抗朝廷的行動開始緩和下來。

後元二年（前八七年），漢武帝駕崩，漢昭帝即位，才八歲，驃騎將軍霍去病的異母兄弟霍光是個託孤大臣（皇帝臨死把自己的子孫託給大臣叫託孤），掌握著朝廷的大權。始元二年（前八五年），匈奴的單于也死了，他兒子即位。新單于的叔叔和其他匈奴王都想做單于，就這麼起了內亂，無形中分成了三個國家。新單于知道沒有力量再跟漢朝打仗，又打發使者到長安要求跟漢朝和好。霍光也派使者回報，只提出一個要求：要單于放回蘇武、常惠等漢朝的使者。匈奴騙使者說蘇武他們已經死了。

第二次漢朝又派使者到匈奴去。常惠買通了單于的手下，私下跟使者見了面，說明蘇武的底細，還教給他一個要回蘇武的辦法。使者見了單于，要他送回蘇武和其他的使者。單于說：「蘇武早已死了。」漢朝的使者很嚴厲地責備他，說：「匈奴既然存心要跟漢朝和好，就不應該再欺騙漢朝。我們皇上在上林苑射下了一隻大雁，大雁的腳上拴著一條綢子，是蘇武親筆寫的一封信。他說他在北海放羊。您怎麼說他死了呢？大雁帶信，這是天意。您怎麼可以欺騙天呢？」

單于聽了嚇了一大跳，眼睛看看左右，左右目瞪口呆地都愣住了。一會兒單于張著嘴，眼睛望著天，說：「蘇武的忠義感動了飛鳥，難道我們還不如大雁嗎？」他當即向使者道歉，答應一定好好地送回蘇武。使者說：「承蒙單于放回蘇武，請把常惠和別的幾個人一概放回，才好真心真意地互相和好。」單于也答應了。

當初蘇武出使的時候，隨從的有一百多人，這次跟著他回來的只有常惠等幾個人。蘇武出使的時候剛四十歲，在匈奴受難十九年，如今回國，鬍鬚頭髮全都白了。長安的人民聽說蘇武回來，都出來看。他們瞧見了白鬍鬚、白頭髮的蘇武手裡拿著光桿子的使節，沒有不受感動的。有的流下眼淚來，有的豎起大拇指，說他真是個大丈夫。

後來，蘇武被皇帝任命為主管邊疆各族事務的官，後又被封為關內侯，在朝廷中受到特殊的尊重。儘管在當時的條件下，蘇武難以劃清忠君與愛國的界線，但他為了維護國家和民族的尊嚴，威武不屈，貧賤不移，歷經無數痛苦的煎熬和磨練，始終保持了高尚的民族氣節。班固撰寫蘇武的傳記時，曾引用孔子「志士仁人，不貪生怕死而損害仁，犧牲生命而成全仁」的話，讚美蘇武捨生取義、堅貞不屈的高尚情操。蘇武的高尚氣節和威武不屈的精神，受到歷代人們的讚揚和傳頌。蘇武捨生取義、堅貞不屈的故事，表現出他高尚的氣節和情操，再次證實了孟子上述名言所揭示的「捨生而取義」的深刻真理。

人之所貴者，非良貴

【名言】

人人有貴於己者，弗思耳矣。人之所貴者，非良貴也。

——《告子上》

【要義】

貴於己者，自己都有可尊貴的東西。弗思，不去思考。良貴，個體內在的尊嚴和人格價值。

在道德修養問題上，孟子突出強調人所具有的獨立自主的人格和尊嚴。有一次，他在向學生們論述道德修養時提出了上述名言。他認為，希望尊貴，這是人們的共同心理。每個人都有自己所尊貴的東西，只是不去思考罷了。別人給予的尊貴，不是真正值得尊貴的。

孟子所說的每個人所具有的自己所尊貴的東西，就是指的「良貴」。這一「良貴」，是個體內在的並不是由別人給予或奪取的獨立自主的人格和尊嚴，是人的仁義道德之貴和人格之貴。孟子提出這一名言後，又繼續論述說：「別人給予的尊貴不是真正的尊貴。譬如晉國的正卿趙孟可以給人富貴利祿而使你尊貴，但他也能剝奪你的富貴利祿而使你貧賤。《詩經·大雅·既醉》說：『暢飲美酒已經陶醉，修養德行已經完善。』這是說仁義道德完全具備了，就不會羨慕別人的珍饈佳饌的美味了；四處皆知的好名聲都集於我一身，也就不羨慕別人的繡花衣裳了。」

孟子的上述名言，高揚了個體仁義道德精神價值，強調了仁義道德精神價值高於別人所給予的富貴權勢價值，這對激勵人們保持高尚的獨立自主人格和尊嚴，具有深刻的啟示。

【故事】

這裡講的是陶淵明不為五斗米折腰而保持高尚獨立自主人格的故事。

陶淵明（三六五～四二七年），又名陶潛，潯陽柴桑（今江西九江）人，是東晉後期有名的大詩人兼散文家。

陶淵明祖上世代為官，曾祖陶侃在東晉前期立了大功，曾管過八個州的軍事。他每天搬運百塊磚，早晨搬出室外，晚上搬進室內，以鍛鍊意志。不過到了陶淵明的時候，家境已經衰落了。陶淵明年少時候喜歡讀書，頗有「濟世救民」志向，又很仰慕曾祖陶侃，也想創一番事業。但家裡情況不好，於是到了二十九歲，陶淵明由別人推薦，陸陸續續做了幾任「參軍」之類的小官，為大官做助手。但他又有倔脾氣，看不慣官場逢迎拍馬那一套，所以在仕途中輾轉了十三年以後，一腔熱情便冷了，決心棄官歸隱。

陶淵明不為五斗米折腰的故事被後人廣為傳頌，發生在他最後做彭澤（今江西湖口）縣令的時候。本來上任之後，陶淵明下令把其衙門的公田全都種上做酒用的糯稻，說：「我只要常常有酒喝就滿足了。」他的妻子覺得這樣做不對，吃飯的米總得要有啊，就堅決主張種粳米稻。兩人爭執的結果是陶淵明讓了步，兩百畝公田，用一百五十畝種糯稻，五十畝種粳米稻。陶淵明原想等收成一次再作打算，不料剛過八十多天，郡派督郵來瞭解情況。縣衙內有一個老於世故的小吏，憑著多年的經驗，深知這事馬虎不得，就勸陶淵明做好準備，穿戴整齊，恭恭敬敬去迎接。陶淵明聽後嘆了口氣，說：「我不願為了小小縣令的五斗米薪俸，就這樣低聲下氣去向這些傢伙獻殷勤。」當即脫下官服，交出官印，走出衙門，回老家去了。

這樣，從四十一歲起，直到六十三歲去世，陶淵明再也沒有當過官。陶淵明的家鄉柴桑背依秀麗的廬山，靠近浩渺的鄱陽湖，景色很好。但陶淵明的生活卻愈來愈不好，祖上原有留下的幾十畝薄田，由於人口較多，連遭災荒，所以日子愈過愈窮。起先他還有僮僕傭人，後來一個也沒有了。最後他竟窮得無米可炊，全家老小挨餓受凍，有時候甚至要向街坊鄰居討點飯。可是陶淵明很樂觀，從不向人叫苦，閒來手不釋卷，每當有些體會的時候，就會手舞足蹈。他又喜歡喝酒，因為家裡窮，常常買不起酒。親戚朋友知道他有這個嗜好，愛慕他的才學，就常常買了酒請他去喝。他為人豪爽，也不客氣，一請就到，一醉方休。

陶淵明回家以後開始了生產勞動。起先只是趁高興做一點，到後來，經濟上的貧困逼得他非把這作為基本的謀生方式不可，他做得就比較辛苦了。有時候從清早下田，直到天黑才扛著鋤頭踏著夜露回來。他曾在詩裡說：「起初地種不好，草長得比豆苗還茂盛，後來還有進步。勞動生活當然是很艱苦的，做完一天回到家裡，覺得四肢痠麻，疲乏得很。」他對田園生活有了切身的體會，便在勞動之餘，把這些寫成了詩。在勞動中，他和村裡農民也結下了深厚的情誼。詩中寫他和農民們談論農事，有許多共同語言。

陶淵明創作了許多勞動詩篇，獲得了「田園詩人」的稱號，同時，他還寫出了封建時代農民的某些要求和願望。他晚年寫作的《桃花源記》就是最突出的一個例子。

《桃花源記》寫晉朝孝武帝司馬曜的時候，武陵地方有個漁夫在江上打魚，順著江水往上走，忘記了路程，忽然遇到一片桃花林。他覺得很奇怪，想看看桃花林的盡頭在哪裡？就繼續前進，到了桃花林的盡頭，看到了一個極狹窄的山口。他就上岸從山口步行進去，眼前突然出現了一片開闊的田野。那裡土地平坦，房屋整齊，道路縱橫相通，男女勤勞耕作。到處是桑園竹林，莊稼生長茂盛。人們春天收蠶絲，秋天收豆麥，生活富足快樂。孩子們縱情歌唱，老年人笑容滿面，公雞喔喔地啼唱，小狗搖著尾巴跑來跑去，四季平安。村裡的人看到這新來的漁夫十分驚訝，家家戶戶殺雞備酒，把他當作尊貴的客人來招待。漁夫一打聽，才知道原來這裡的人是秦朝人的後代，為了逃避秦始皇的暴政和當時的戰亂，才搬到這世外桃源來，不和外面的人來往，與世隔絕了。他們不知道有漢朝，更不要說三國、魏、晉了。漁夫把外界的情況向他們作了介紹，他們感到很驚奇。漁夫在那裡住了些日子，就向眾人告辭。歸途中他一路做了記號，回到郡時報告了本地太守，太守立即派人和他一起再去找這個地方，但卻再也找不到了。

這個虛構的故事反映了當時飽經戰亂的人們希望過安定的、沒有剝削壓迫的生活，是人們心目中的理想社會。

陶淵明和農民的關係很好，對待達官貴人卻是不屑一顧。在他五十五歲時，他住的那個郡的刺史王弘想結識陶淵明，派人來請陶淵明去見他。可是陶淵明根本不予理睬，讓他碰了一個大釘子。

又隔了幾年，江州刺史換上了檀道濟，這是一位名將。檀道濟上任不久，就親自登門拜訪陶淵明。當時陶淵明生著病，正躺在床上。檀道濟就對他說：「賢人的處世哲學應該是：世道壞就隱居，世道好就出去做官。現在您生活在光明的時代裡，為什麼非要隱居不可，自己和自己過不去呢？」

陶淵明婉轉地拒絕了檀道濟的勸說。檀道濟臨走時要送給他糧食和肉，他也謝絕了。陶淵明對待王弘、檀道濟的這種冷漠態度，反映了他甘於貧賤、不慕榮華而隱居的決心。當時在那一帶隱居的還有劉遺民、周續之兩人。他們和陶淵明合稱「潯陽三隱」。事實上，這兩個人和陶淵明一點也不一樣，他們很有錢，不必參加勞動，和當官的交往相當頻繁，曾應邀到江洲城裡講學。這些人只不過想藉「隱居」來找個終南捷徑罷了。

此外，還有一個慧遠和尚，當時在廬山東林寺裡住持，曾經邀請許多名流包括陶淵明加入他組織的佛教團體，陶淵明也不願沽名釣譽，故意刁難說：「如果你准許喝酒，我就加入，要不准喝酒，我就不加入了。」慧遠為了拉攏他，就寧願破了佛戒遷就他，但到了正式成立佛教團體的那天，陶淵明走到半路又折回去了。

陶淵明不為五斗米折腰和保持高尚獨立自主人格的故事，表現出他不逢迎權貴的高尚節操，被後世傳為美談。

人皆可以為堯舜

【名言】

人皆可以為堯舜。

——《告子下》

【要義】

皆，都。堯舜，傳說中父系氏族社會後期部落聯盟的首領，儒家崇尚的古代聖賢的代表人物。

孟子在遊歷諸國、聚徒講學的過程中，曾反覆向弟子強調加強修養、力行踐履的重要性。有一天，一個叫曹交的人詢問說：「您講過『人皆可以為堯舜』這句話嗎？」孟子回答說：「是這樣的。」曹交又問：「周文王身高一丈，商湯身高九尺，而我自己也有九尺四寸，卻只會吃飯，別無所長，怎樣做才能成為堯舜那樣的人呢？」孟子接著闡述了「人皆可以為堯舜」的名言，認為是否成為堯舜與身高並沒有什麼關係，只要遵循堯舜的仁義之道，努力力行踐履，就能成為堯舜那樣的聖賢。

他接著闡述了人要有明確的目標和堅定志向，指出：「如果有人說自己連一隻小雞都提不起來，那他就是毫無力氣的人；如果認為自己能舉起三千斤重，那就是很有力氣的人。那麼，人能舉起烏獲所舉的重量，也就是烏獲那樣的大力士了。談到做人的道理，難道畏懼困難而怕做不到嗎？只是不去身體力行罷了。」孟子運用的兩個比喻，意在說明提起一隻小雞，人人都能做到；舉起大力士烏獲所舉的重量，並非人人都能做到。不能提起一隻小雞，是不肯做，而不是不能做。人們要做堯舜那樣的聖賢，並不是像舉起烏獲所舉起的重量那樣，而是如同提起一隻小雞那樣，這是人人都能做到的，關鍵在於努力實行。由此，孟子明確地告誡曹交要樹立成為聖賢的明確目標和堅定志向。

為了達到聖賢的境界，孟子又進一步提出了力行踐履的根本途徑。他舉例說：「在長輩後面慢慢地跟著走叫做恭敬長輩，搶在長輩前面而快步走叫做不恭敬長輩。慢慢地行而恭敬長輩，難道是人不能做到的嗎？只是不肯這樣做罷了。堯舜道理的根本，就是孝悌。」孟子強調孝悌是人人都能做到的，認為不去力行踐履，就不能達到聖賢的境界。

孟子又進一步採用對偶句式，強調為善為惡全在於個人的踐行。他說：「你穿堯那樣的符合禮的服裝，說堯那樣仁義的話，實行堯那樣孝悌的行為，便就成為堯；穿桀那樣譎詭逾禮的服裝，說桀那樣違背仁義的話，做桀那樣的淫虐行為，便就成為桀。」最後，孟子拒絕了曹交跟隨自己學習的請求，告誡說：「堯舜之道像光明的大路一樣，難道還難認清嗎？只怕有人不去追求罷了。你自己回去尋求吧！到處都會有老師。」

孟子的「人皆可以為堯舜」的名言，體現了一定的人格平等思想，高揚了個體的道德自覺完善，體現了中華民族重視道德修養和力行踐履的優良傳統，在當時具有一定的破除迷信、解放思想的積極作用，對激勵人們攀登高尚的道德境界，產生了積極的影響。

孟母教子有方，賢著於世。 孟裔子孫亦相繼葬此。西元 1037 年北宋始修墓建祠。西元1316 年元代封孟母為「邾國宣獻夫人」。

【故事】

這裡講的是孔子拜師學習、加強修養而成為著名思想家的故事。

孔子年輕的時候，就已經是很有名氣的老師了，但是他總覺得自己的知識還不夠淵博，三十歲時，決心再拜老師，繼續學習。

孔子離開自己的家鄉魯國（今山東曲阜），朝著河南洛陽走去。他要到洛陽拜大思想家、道家的創始人老子為師。曲阜至洛陽相距上千里，孔子不怕路遠，風餐露宿，日夜兼程。幾個月後，孔子終於到了洛陽界內。他剛到洛陽城外，便看見一輛馬車，車上放著許多書，車旁站著一位七十多歲的老人，頭髮鬍子全白了，穿著長袍，拄著拐杖，站在路邊朝他這裡張望。

孔子想，這位老人有這麼多的書，一定很有學問，大概就是我要拜訪的老師吧。於是上前行禮道：「請問老人家，您是老聃（聃音ㄉㄢ）先生吧？」

「你是——」老人見一個風塵僕僕的外地青年一眼認出了自己，有些納悶。孔子連忙說：「學生孔丘，特來拜見老師，請收下我這個學生。」

老子說：「你就是孔丘啊，聽說你要來，我每天都到此等候。研究學問你不比我差，為什麼還要拜我為師呢？」

孔子聽了再次行禮：「多謝老師迎候。您的學問很深，跟您學習，必有長進。再說，愈是研究學問，愈應學習更多的知識。」

從此，孔子每天不離老師左右，隨時請教。老子也把自己的知識毫無保留地傳授給他。學習結束了，辭行時，孔子懇請老師給予臨別的教誨。老子拉著他的手，情真意切地說：「有學問不淺露於外表，講道德不分貧貴，你就是這樣一位品德高尚的人。你對我的尊敬，教我感動。」

孔子聽了老子的話，連忙行禮，拜別老師回到故鄉。人們稱讚孔子的學問，也敬重他的品行。

孔子重視道德修養和力行踐履：十五歲有志於學；三十歲有了對仁的認識和堅守仁的信心；四十歲知道了仁的豐富內容，深信不疑；五十歲深刻認識了自然、社會發展的趨勢；六十歲能隨時辨別事物是否符合仁的原則；七十歲達到從心所欲而不超越規矩的境界。孔子由於終生勤奮學習，奮鬥不息，因而最終成為著名的思想家。

為人弟則懷仁義事兄

【名言】

為人弟者懷仁義以事其兄。

——《告子下》

【要義】

秦國與楚國將要交戰。當時的著名學者宋牼（牼音ㄎㄥ）認為兵連禍結，民窮財盡，將對國家不利，便準備向秦、楚兩國國君陳說利害，勸說他們罷兵。孟子認為，宋牼的志向雖然很大，但只用利害關係勸說秦、楚國君罷兵是不妥的。他說：「秦王、楚王因為有利而高興，於是停止軍事行動，這就將使軍隊的官兵樂於罷兵，因之喜悅利。做臣下的懷抱利的觀念服侍國君，做兒子的懷抱利的觀念服侍父親，做弟弟的懷抱利的觀念來服侍哥哥，這就會使君臣、父子、兄弟之間完全去掉仁義，而懷抱利的觀念互相對待，這樣，國家還不滅亡的，是從來沒有的事情。」

孟子在從反面論述捨棄仁義而追逐利的危害後，又從正面闡述了君臣、父子、兄弟之間以仁義相交往就會統一天下的顯著功效，提出了「為人弟者懷仁義以事其兄」的名言。就是說，做弟弟的以仁義之道服侍兄長。

在孟子看來，長幼關係是家庭生活中基本的人際關係之一，是年長者與年幼者之間的關係，對維護家庭生活及社會生活中人際關係的和諧是不可缺少的。孟子主張人們在家庭生活中要敬長慈幼，做到尊卑有序。一方面年幼的人要尊敬兄長，踐履仁義；另一方面，年長的人要慈愛幼弟。這樣，長幼關係是雙向的，而不是單向的。也就是說，弟弟要尊敬兄長，兄長要慈愛幼弟，兩者之間以仁義之道互相對待。孟子的這一思想，豐富了中華民族敬長慈幼的優良傳統的寶庫，對後世產生了積極的影響。

【故事】

這裡講的是薛包、楊津、李勣（勣音ㄐㄧ）以仁義之道對待兄長和姐姐的故事。

薛包（生卒年不詳），東漢汝南（今屬河南）人。他勤奮好學，行為舉止謙恭禮讓，以孝順父母聞名於世，為人忠厚老實，友愛兄弟。母親去世後，父親又續娶後妻生了子女。從此，父親就不疼愛薛包了，並且要將薛包從家中趕出去。

薛包痛哭流涕，不願離家。父親用棍杖相逼，薛包不得已搬出正房，住在外間。但他長年累月仍堅持向父親和後母請安問好，打掃正房。父親和後母深受感動，慚愧不已，於是將薛包接回正房居住。後來父母親去世後，薛包在喪期悲痛不已，哭得肝腸寸斷。

過了一年多，後母新生的幾個兒子要求分家。薛包極力阻止卻又無可奈何。在分家產的時候，薛包盡量讓其他弟兄如願以償，卻把困難留給自己。他把那些年齡大做不了重活的奴婢留給自己，說：「她們和我共事時間已久，你們使喚她們不太方便。」他把那些荒蕪的田地和危傾的房子留給自己，說：「這些田地和房屋都是我小時候親手勞作的，我對它們有著深厚的感情。」他把那些破爛的工具器械和衣物留給自己，說：「這是我平常穿戴飲食用的，我現在仍用它們，身心感到很自在。」

就這樣，薛包把那些好的田地、房舍及精壯奴婢通通讓給了其他兄弟。後來，其他的兄弟有的家業敗落，經濟上陷入困境，薛包又多次把自己剩餘的產業拿來救濟他們。鄉親們都讚揚說：「薛包沒有把過去父母的偏愛之心記恨心間，存下怨恨，更沒有因異母兄弟爭鬥不息。在弟兄破產之後仍不時救濟他們，真是珍重骨肉情誼，淡薄錢財如糞土啊！」

後魏時期的楊津，也是古代被人稱頌的尊重兄長的楷模。他從小就端莊恭謹，氣度宏闊。曾先後擔任岐州、華州刺史，政績卓著。魏莊帝時被封為中軍大都督，後來又被封為司空。楊津兄弟之間情誼深厚，他對待哥哥就像父母一樣。他的哥哥名叫楊椿，已六十餘歲了，而楊津自己年紀也很大了。每次服侍哥哥吃飯，他先將碗筷遞給哥哥，自己先將飯菜口味調試合適，再請哥哥吃飯。如果楊椿外出直到太陽西斜時還沒有回家，楊津一定要等到哥哥回來之後才一起用餐。孩子們都侍立在階下聽候吩咐，端茶倒水。如果哥哥酒醉不醒，自己就親自把他攙扶回家休息，早晨和晚上都要請安問好。楊津曾經在灑州（今屬安徽）做官，他的哥哥在家養老，凡是好吃的東西一定要先寄給哥哥品嘗，然後自己才敢入口。人們都讚揚楊津是尊敬兄長的楷模。

在我國古代，還有一位以尊敬姐姐而聞名的李勣。他曾任右武侯大將軍、司空等職。他任宰相時，姐姐生病臥床不起。李勣親自下廚房，為姐姐煮粥。一不小心，火苗燒了鬍鬚，姐姐忙對李勣說：「家裡有那麼多奴婢侍從，你何苦要親自勞作。」

李勣把煮好的粥端給姐姐，微笑著說：「家裡的確有很多人。只是我想現在姐姐您年紀大了，我也慢慢地老了。以後我雖然也想為您煮粥，恐怕也沒有多少機會了。」姐姐聽了李勣的話很受感動，頓時熱淚盈眶，悲喜交集。李勣敬奉姐姐的感人事蹟，被人們傳為佳話。

薛包、楊津、李勣敬奉兄長和姐姐的故事，被後世傳為美談，反映了中華民族敬長慈幼的優良傳統。

生於憂患，死於安樂

【名言】

故天將降大任於斯人也，必先苦其心志，勞其筋骨，餓其體膚，空乏其身，行拂亂其所為，所以動心忍性，曾益其所不能……然後知生於憂患而死於安樂也。

——《告子下》

【要義】

苦其心志，苦惱他的心意。勞其筋骨，勞累他的筋骨。餓其體膚，飢餓他的腸胃。動心忍性，震動心意，堅韌性情。曾，同「增」。生於憂患，憂愁禍患足以使人生存。死於安樂，貪圖安逸快樂足以使人死亡。

在道德修養問題上，孟子強調有志之士為了實現濟世救民的宏大志向和擔負歷史賦予的重任，必須經歷艱苦環境的磨練。為了論證這一主旨，孟子首先列舉了古代聖賢經歷艱苦環境的磨練而有所作為的事例，指出：舜從田野中被推薦而成為天子，傅說從築牆工的位置上被舉用為相，膠鬲從魚鹽商中被提拔起來，管仲從獄官手中被釋放而舉用，孫叔敖是隱居在海邊而被舉用，百里奚是從市場上被提舉起來。他們雖出身低微，但經歷艱苦環境的磨練，終都成為大有作為的人。

在引述歷史證據的基礎上，孟子連續運用排比句說：「故天將降大任於斯人也，必先苦其心志，勞其筋骨，餓其體膚，空乏其身，行拂亂其所為，所以動心忍性，曾益其所不能……然後知生於憂患而死於安樂也。」

天將降大任於斯人也　書法

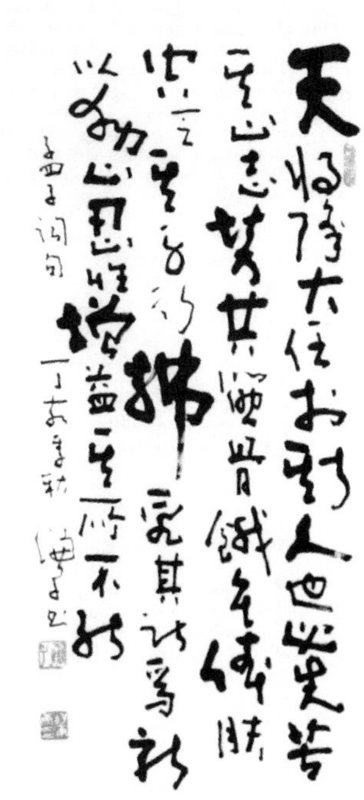

這就是說，社會發展的歷史趨勢（天）將要賦予一個人重大的責任，必定先要困苦他的心志，勞累他的筋骨，飢餓他的腸胃，窮困他的身體。他的每一行為總是不能如意，打

擊、挫折就會震動他的心志、堅韌他的性情、增強他的才幹。憂愁禍患能堅定人的鬥志而足以使人生存，貪圖安逸快樂而足以使人死亡。

孟子接著運用了幾個短促的對偶句，並以高亢的音調引申、闡述了艱苦環境對個人、國家的振奮作用。他說：一個人經常犯錯誤，然後才能接受教訓而改變自己的行為；心意困苦，思慮阻塞，才能發憤振作；表現在臉色上，吐發在言語中，自己的過錯暴露於人，然後才能警惕、覺悟而通曉事理。國家內部如果沒有堅守法度的大臣和輔佐的賢士，外部沒有敵對的國家和外來的禍患，這樣的國家往往會滅亡。最後，孟子點明了「生於憂患而死於安樂」的主旨。

孟子闡述的艱苦環境對人的磨練，具有深刻的理論意義。它告訴我們，人經歷艱苦環境的磨練，可以勞累筋骨，飢餓腸胃，窮困軀體，增強形體對外在環境的忍耐力和承受力，從而奮發有為。這表明，如果說困苦環境對形體的影響是外在的，那麼，對人心志、性情、能力、思慮的影響則是內在的。人經歷艱難困苦雙重影響的過程，就是奮發振作和通曉「生於憂患而死於安樂」人生哲理的過程。孟子闡述的經歷艱苦環境磨練而奮發有為的思想，已被古今中外的許多事例所證明。孟子的至理名言，對後世產生了重要影響。

【故事】

這裡講的是勾踐臥薪嘗膽、興越滅吳的故事。

勾踐（？～前四六五年），春秋末年的越國國君。西元前四九七～前四六五年在位。曾被吳國打敗，屈辱求和。他治理國政，發憤圖強，勤政為民，任用賢才，十年生聚，十年教訓，終於興越滅吳，並在徐州大會諸侯，成為新的霸主。

吳國、越國是春秋中期在長江下游逐步崛起的兩個諸侯國家。吳國在今江蘇省南部地區，建都姑蘇（今江蘇吳縣），越國在今浙江省一帶，建都會稽（今浙江紹興東南）。當時各諸侯國家都力圖稱霸，彼此展開了激烈的爭鬥。春秋中期，晉、楚爭霸，晉國聯合吳國攻擊楚國，楚國聯合越國攻擊吳國，從而造成吳越兩國的長期對立。

周敬王二十四年（前四九六年），吳王闔閭派兵攻打越國，結果兵敗受傷而死。兩年後，越國想趁吳國未備之時去攻打吳國。勾踐拒絕了謀臣范蠡（蠡音ㄌㄧˊ）的勸告，在敵強我弱的形勢下，貿然出兵，攻打吳國。吳王夫差為了替父親報仇雪恨，大敗越軍。勾踐帶著殘兵敗將五千人逃回會稽山，被吳軍團團包圍。勾踐無奈，不得不接受范蠡、文種的計謀，派人暗暗把美女、珍寶送給貪財好色的吳國大臣太宰嚭（嚭音ㄆㄧˇ），太宰嚭接受了賄賂並答應在吳王面前代為說情。最後，吳王夫差不聽伍子胥的勸告，反而相信了太宰嚭的胡言亂語，答應了越國投降，把軍隊撤回吳國。

夫差撤兵後，勾踐帶著妻子和范蠡來到吳國，伺候夫差，從事勞役，履行降吳所接受的屈辱條件，受盡了各種屈辱，最終贏得了夫差的信任。三年後，勾踐被釋放回到越國。

勾踐回國後，立志奮發圖強，振興越國。早在幾年前被圍困在會稽時，他曾喟然嘆息說：「我將要走投無路而死在這裡嗎？」

文種勸告說：「從前商湯被囚禁在夏台，周文王被拘禁在羑里，晉國的重耳逃亡到翟國，齊國的小白逃難到莒國，他們最終都稱王稱霸。由此看來，目前的困境何嘗不是君王的福分呢？」

勾踐時刻想著文種的話，時時不忘復興越國的大志。他身穿粗布衣，不吃肉食，親自耕田種地，晚上睡在稻草堆上。他把苦膽懸掛起來，坐著躺著都仰望著苦膽，每次吃飯前都要嘗嘗苦膽，並自言自語地告誡自己說：「你忘記了在會稽的恥辱了嗎？」勾踐一方面不斷激勵自己，另一方面又切實採取了一連串有效措施，任用賢才，發展生產，獎勵生育，薄取賦斂，加強軍隊訓練。譬如在獎勵生育上，規定男子滿二十歲、女子滿十七歲不結婚的，就處罰他們的父母；有兩個兒子的，國家養活一個；有三個兒子的，國家養活兩個；在發展生產上，國家鼓勵種田織布，勾踐和百姓一起勞動。國家經常救濟窮困或受災的人家；遇到喪事的人家，國王派人前去慰問。勾踐還禮賢下士，優厚熱情地接待賓客。經過「十年生聚，十年教訓」的艱苦奮鬥，越國由弱變強，兵精糧足。

與越國相反，吳國的政治日益腐敗，吳王夫差過著驕奢淫逸的生活。越國用重金買通了吳國的太宰嚭，讓他在吳王面前多講越國的好話。越國還採用文種的計謀，由范蠡向淫樂好色的吳王進獻兩名越國的美女西施和鄭旦。吳王為西施的美貌所吸引，花費大量人力物力建造姑蘇台，與西施在上面終日飲酒作樂，不理政事。夫差還多次拒絕伍子胥的正確意見，聽信了太宰嚭的讒言，逼迫伍子胥自殺。

周敬王三十八年（前四八二年），越國趁吳王北上參加黃池之會的時機，出動精兵襲擊兵勇在外、國內空虛的吳國，打敗吳兵，攻下了姑蘇，殺死了吳國太子。周元王三年（前四七三年），勾踐又一次率軍隊進攻吳國。這時的吳國由於連年用兵和政治黑暗，已經陷入民窮財盡、軍力衰弱的境地。越國又一次大敗吳軍，夫差被包圍在姑蘇山上。勾踐接受了范蠡的忠告，記取了過去吳國沒有趁機滅亡越國的歷史教訓，拒絕了夫差求和的要求。夫差感到絕望，自殺而死，吳國被越國滅亡。

越王勾踐臥薪嘗膽而興越滅吳，吳王夫差追求淫樂而導致亡國。這一歷史經驗教訓，無疑使後人受到深刻的啟示。

人不可無恥

【名言】

人不可以無恥，無恥之恥，無恥矣！

——《盡心上》

【要義】

無恥，沒有羞恥之心。無恥之恥，把沒有羞恥之心看作羞恥。

孟子指出：人人都有羞恥之心，沒有羞恥之心就不是人。所謂羞恥之心，它是個人道德意識的一種表現，表示一個人譴責自己的行為、動機、道德品質的意向和情感，是人內心中的一種自我責備。它由於一個人自覺意識到了自己的不道德行為，或者由於周圍人們譴責的影響而意識到自己行為的不道德性而產生的。在道德生活中，羞恥之心是十分重要的道德情感，人如果喪失了羞恥之心，道德規範就會對他失去約束作用。

孟子認為，人與禽獸區別的一個重要標誌就是人具有羞恥之心等道德觀念和心理情感。有一次，孟子在向學生們闡述道德修養時提出了上述名言。就是說，人不可以沒有羞恥之心，把沒有羞恥之心看作羞恥，那就沒有可羞恥的事了。這就突出強調了羞恥之心對道德修養的重要性，告誡人們要加強修養，奮發向上，使自己的言行符合仁義禮智道德觀念，成為一個道德高尚的人。

【故事】

這裡講的是齊人狂驕妻妾、不知羞恥追求口腹之欲的故事。

從前，有一個齊國人，家中娶了一妻一妾。他每次外出回來，都吃得酒足飯飽，然後東倒西歪、醉醺醺地跨進大門。每當妻子問他和哪些人在一塊吃喝時，齊國人搖頭晃腦地吹噓說：「和我一塊吃喝的都是一些有錢有勢、地位顯赫的人。」

有一天，齊人的妻子悄悄地對妾說：「我每次詢問他時，他都說是跟一些有錢有勢的人在一塊吃喝，但我從來沒有見過有什麼顯貴的人物到我們家裡來，這不能不讓人疑惑。我準備悄悄地看他究竟到了什麼地方。」

第二天清晨，齊人的妻子尾隨著丈夫出了大門，躲躲閃閃地跟在齊人後邊，以窺探丈夫的行蹤。她尾隨著丈夫走遍了全城，沒見一個人站住與丈夫說話。她走著走著，不知不覺出了城。只見丈夫鬼鬼祟祟地溜到城東郊外的墓地，走到掃墓人的面前，厚顏無恥地向掃墓的人乞討剩餘的祭品，接著用那又黑又髒的雙手抓起祭品狼吞虎嚥地大吃大喝起來。不一會兒，便把墳前的碗碟舔得乾乾淨淨，隨後，又東張西望地到別的墳前乞討去了。齊人的妻子看到眼前的情景才恍然大悟，這就是丈夫吃飽喝足的歪門邪道。

齊人的妻子心如刀絞，腳步蹣跚地回到家裡，向妾講述了丈夫的醜行，並且說：「丈夫是我們一心仰望而終身依靠的人，想不到他竟是這般無恥。」於是，妻妾兩人在庭院中一邊失望地哭泣，一邊痛心疾首地咒罵。

這時，齊人還不知道自己的假面具已被揭穿，口中哼著小曲，得意洋洋、神氣活現地跨進大門，吆吆喝喝，滿嘴酒氣，向他的妻妾擺威風。

孟子的這則「齊人有一妻一妾」的故事，深刻地揭露了齊人搖尾乞憐、狂驕妻妾的醜惡嘴臉，說明那些沒有羞恥之心的無恥之徒不擇手段地追求口腹之欲，是多麼的無恥之極。

有德慧術知，恆存疢疾

【名言】

人之有德慧術知者，恆存乎疢疾。

——《盡心上》

【要義】

德慧術知，道德智慧、本領、知識。恆，經常。疢（疢音ㄔㄣˋ）疾，災患。

在道德修養問題上，孟子強調人只有經歷艱苦環境的磨練，才能奮發有為。同時，他還強調災患對人的激勵、磨練作用，在對學生論述道德修養時提出了上述名言。他認為，人之所以有道德、智慧、本領、知識，經常是由於他有災患。只有那些孤立之臣、庶孽之子，他們時常提高警惕，考慮禍患也深，所以才通達事理。

孟子的這一名言告訴人們，困苦、災患能促使人時刻警惕，奮發進取，不斷獲得道德、智慧、本領和知識，這對激勵人們奮發有為具有積極的意義。

【故事】

下面講的是司馬遷身處逆境而頑強不屈、奮發著書的故事。

司馬遷（前一四五～前八八年），字子長，西漢夏陽（今陝西韓城南）人。我國古代著名的史學家、文學家和思想家。

司馬遷的父親司馬談是一位歷史學家，在朝中任「太史令」，專著天文、曆法和歷史文獻。司馬遷從小就受到嚴格訓練。司馬談生平志願是寫一部記載「明主賢君忠臣死義之士」事蹟的通史，並收集了許多史料。遺憾的是他沒有來得及完成自己的宏願便於漢元封元年（前一一〇年）病故了。臨死的時候，司馬談顫巍巍地拉起兒子的手，斷斷續續地用盡最後的氣力，將終生的心願鄭重地託付給司馬遷說：「我們的祖先是周王室的太史，世世代代擔任這個職務。後世曾經中斷過，現在我又任太史令，本想接續祖先，振興祖業，為後世留下一部史書，沒想到大業尚未成，我已經不行了……自周公後五百年才有孔子，孔子修治、復興舊日的王道和衰棄的禮樂，整理成《詩》、《書》，寫作了《春秋》。直到今天，學者們仍以此為法則……孔子死後，至今又已有五百年了，其間，諸侯相互兼併，國史的記載中斷了……我死後，你必將為太史。我唯一的心願，就是你能立志學習做第二個孔子，上繼春秋，下迄漢代，寫出一部好的通史著作來，以完成我終生的誓願。」

父親臨終的遺囑，堅定了司馬遷做一位歷史學家和寫作一部宏偉史書的決心。司馬遷自幼受父親影響，十歲就已閱讀了《左傳》、《國語》等很多古籍。二十歲時，在父親的支持下，開始了歷時約十年、行程不下萬餘里的全國大遊歷。他曾經到淮河、長江一帶漫遊，到現今浙江一帶去採訪傳說中的「禹穴」，到現今湖南一帶去考察和歷史故事有關的遺跡，到河南、山東一帶瞭解風土民情，觀孔子遺風。他一邊遊覽，一邊採訪，搜集了許多傳說和資料，為他日後撰寫《史記》做了大量的準備工作。

元鼎元年（前一一六年），遊歷歸來的司馬遷被選入朝中做郎中令。元封三年（前一〇八年），在父親去世的第三年，司馬遷被任為太史令。藉太史令之職，他開始博覽皇家藏書，整理父親遺稿和他自己搜集的資料，為撰述做準備。直到太初元年（前一〇四年），司馬遷四十四歲時，才開始動手寫《史記》。可是，就在他動筆寫這部大書不久，發生了李陵案件。

李陵原和司馬遷一起任郎中令，後來做騎都尉。天漢二年（前九九年），李陵被派去征討匈奴。由於孤軍深入，糧盡援絕，被匈奴包圍俘虜了。當時有人傳說李陵投降了匈奴。漢武帝一生氣，把他的全家都殺了。李陵聽到這消息，就真的投降了匈奴。司馬遷跟李陵認識多年，對李陵十分瞭解，他認為李陵為人誠實，廉潔奉公，謙虛謹慎，和藹待兵，尤其是他常能奮不顧身來解救國家的急難，更令人欽佩。而現在眼見這些專會阿諛奉承的官僚們和這般自私地只顧保全個人和家小的群臣們，前些天還舉杯盛讚李陵的功勞，現在卻翻臉不負責任地隨聲誣傷李陵。對群臣不實事求是地看待李陵的過失，司馬遷早已是忿忿不平，有如骨鯁在喉，不吐不快。

因此，當漢武帝問他時，他坦誠地為李陵辯解說：「李陵率五千步兵深入敵境，就像在虎口裡設下誘餌，勇猛地向強大的敵軍挑戰。又以寡敵眾，殺敵數千，以致匈奴徵調傾國之眾來圍攻。李陵頑強拚殺，與單于連戰十餘日，在彈盡糧絕、救兵不至、走投無路的情況下，李陵一呼，士卒仍無不奮起，血流滿面，與敵人做殊死拚殺，即使古代的名將也不過如此。現在李陵雖然戰敗，身陷匈奴，但恐怕只是迫於形勢而暫時棲身，看來他是想等待適當的時機來報效漢王朝的。李陵對匈奴已經給予了沉重的打擊，功可以告天下，望陛下不必深責他。」

司馬遷的直言辯解觸犯了漢武帝，以欺騙皇帝之罪被判處死刑。

根據漢朝的刑法規定，死刑可以有兩種減免的辦法：一種是用五十萬錢來贖罪，便可免去一死；一種是去受「宮刑」，又稱「腐刑」（即毀掉生殖器），這是諸種刑罰中最殘酷的一種，對人格也是一種極大的侮辱。

司馬遷官微家貧，除了滿腹經史和一堆寫滿史記手稿的木簡之外，哪來五十萬巨額錢財呢？往日的朋友們避之唯恐不及，也沒有人肯捐資相助。於是，擺在司馬遷面前的就只有兩條路可以選擇：要嘛去就死，要嘛被處以宮刑。

面臨著如此殘酷的生死抉擇，司馬遷何去何從？他認為慷慨就死誠然痛快，可是自己長期以來所抱持的理想，就將隨著生命的消逝而成為泡影。那些已經開始了的構思以及已經寫就的篇章豈不成了斷簡殘篇，這樣事業未竟而去就死，怎麼對得起先父的殷殷囑託？自己終生的誓願如何去實現？這是他生命的全部寄託，就是死也是放不下的呀！為了史書，他也絕不能去死！

但是，為了保留生命，就必須接受腐刑，這就會蒙受失去人性尊嚴的奇恥大辱。但司馬遷眼前立即就浮現出許多古代志士仁人的光輝形象：

周文王被囚禁在羑里，而推演出《周易》；孔夫子周遊列國受到困厄，而著作《春秋》；屈原大夫屢遭放逐，遂有《離騷》之賦；左丘明雙目失明，竟著出《國語》；大軍事家孫臏受刑被剜去膝蓋骨，仍編寫出兵法；秦始皇的相國呂不韋因罪免職，遷居蜀地，而《呂覽》卻流傳於後世；戰國時期法家的代表人物韓非在秦國遭到陷害，被捕下獄，寫出了《說難》、《孤憤》；《詩經》三百篇，大都是聖人、賢人抒發他們內心的憤懣而著述出來的……這些古代先賢、仁人志士們不都是身處逆境，遭受陷害，然而都能夠「受辱而不羞」，在困苦中發憤，於挫折中振起，靠不屈不撓的意志才為後人留下了偉大的著作嗎？想到這裡，司馬遷頓時精神振奮，激動地站了起來，在牢房裡來回地踱著。一絲光亮投入了他悲憤灰暗的心中，他對自己的靈魂說：應該仿效他們！應該仿效他們！如果考慮自己，活著確實不如去死，但考慮到理想和事業，那就應該面對著不合理的人生勇敢地活下去！把一腔悲憤全託付於文字吧！把餘下的生命全奉獻給這部書吧！

黎明已經來臨，曙色初露了。司馬遷經過反覆苦思，終於做出了最後的抉擇：一定要完成這不朽的事業，寫完這一部「究天人之際，通古今之變，成一家之言」的史書。一切都被剝奪了，但我只要這一支筆，來樹立忠臣義士的形象，勾畫出魑魅魍魎的原形，為後代作鑑戒；描繪出三千年的風雲變幻，盡寫出人間的不平！

天漢三年（前九八年），司馬遷忍受了精神和肉體上的極大痛苦而接受了腐刑。

武帝太始元年（前九六年），已到知天命之年的司馬遷獲大赦出獄。

此時漢武帝寵愛的李夫人已死，貳師將軍李廣利也已失寵。而所謂李陵要帶兵攻打漢朝一事也已經釐清，原來要攻打漢朝的，是另一名漢朝降將李緒，而傳言者錯傳為李陵。

漢武帝此時也覺得對司馬遷的處刑過重，又兼之認為司馬遷人才難得，遂命他為中書令。中書令一職是替皇帝掌管文書機要的職務，是宮廷裡的要職。司馬遷雖擔任了這個職務，但對宮廷裡的一切日常事務，都已經毫無興趣了。

出獄後的司馬遷，像換了個人。入獄前，他年富力強，雄心勃勃，才華橫溢。出獄後，他卻神情恍惚，魂不守舍，未老先衰了。剛滿五十歲，卻已雙鬢染霜，臉上失去了以往的神采，蒼白、浮腫，沒有一絲血色。精神和肉體所受的折磨、摧殘，使司馬遷每日在痛苦和憤怒中掙扎。每每想起自己所受的恥辱，他就脊骨發寒。

然而，司馬遷也清醒地知道，自己不能在這樣的悲哀和痛苦中了結悲慘的一生。他以極其堅韌頑強的精神忍受了來自朝廷上下的鄙視和譏嘲，支持著他的唯一安慰是熟悉的案几和著述的史筆。

日子一天天過去，生活中沒有變化，沒有起伏，司馬遷夜以繼日地撰述著，修改著。只要回到案几旁，他就是幸福的了。漸漸地，他忘掉了痛苦，忘掉了自我，他不再像先前那樣痛恨人生，只是寂寞地在淚光中發出微笑。

司馬遷的身體日益危弱了，而《史記》書稿卻一天天厚實起來，是司馬遷的靈魂變成了《史記》。

但是，對於此時司馬遷的心境和處境，人們並不都能理解。司馬遷任中書令三年後，他的一個朋友，益州刺史任安，曾寫了一封信給司馬遷，認為他既然處在這樣一個受信任的位置上，應該更有所作為，並責備他未能「推賢進士」。

這封信觸動了司馬遷心靈的創傷，增添了他不為人們所理解的痛苦。他何嘗不想竭盡全力報效國家，何嘗不曾為國事仗義執言，又何嘗不想以才學勤奮而上延父業、下對後人？然而所有這一切得到的是什麼報償呢？司馬遷按捺不住滿腔悲憤與不平，將自己因李陵事件得禍的經過和所蒙受的莫大恥辱，將自己艱難的處境、悲涼的心境以及所以「隱忍苟活」和完成史書的決心，一一悲痛激憤地向任安托出，寫下了字字血、聲聲淚的《報任安書》。這是一篇對封建專制淫威的控訴狀，是一篇飽含憤鬱感情的自敘文，是一篇足以驚天地、泣鬼神的「無韻之《離騷》」。

在這封書信中，司馬遷告訴朋友：近年來自己搜集了散落於天下的歷史傳聞、檔案材料，並嚴加考證、考察了歷代成功、失敗、興起、衰亡的規律，是想探究天象與人事之間的關係，通曉自古到今的變遷，而成為一家之言。如果自己真能完成這部書，藏之名山，傳留後世，那麼，即使一萬次受刑被殺，也沒有什麼可後悔的！

經過多年的艱苦努力，在五十三歲那年，司馬遷終於寫成了我國第一部不朽的歷史鉅著《史記》。這部書共一百三十篇，有五十二萬多字。其中包括本紀十二篇，記載帝王的事蹟；表十篇，用列表的方式記載大事和重要人物，補充本紀；書八篇，記載重要的典章制度、天文現象、政治措施和社會經濟生活；世家三十篇，記載諸侯王和孔子、陳勝等特殊重要人物的事蹟；列傳七十篇，記載重要人物、少數民族和鄰國的歷史。其中最重要的是本紀和列傳，因此後人稱它為紀傳體史書。自從《史記》首創了這種紀傳體以後，中國歷代的正史，即通常所說的二十四史，基本上都以《史記》為榜樣，採用紀傳體這種形式來寫的。

司馬遷寫的《史記》，不僅內容翔實可靠，是一部了不起的歷史書，並且文字生動優美，人物寫得栩栩如生，也是一部了不起的文學著作。司馬遷表現在《史記》中的思想是進步的。他愛恨分明，對歷史上的明君、賢臣、義士和農民起義領袖，大力褒揚歌頌，對暴君、奸臣、酷吏無情地諷刺和鞭撻。對當代的歷史，不管好事壞事，都能夠如實地記錄下來。對好事不誇大，對壞事不隱瞞，就是對當代皇帝漢武帝的缺點和過失，也給予恰如其分的敘述。司馬遷這種嚴謹的寫作態度，直到今天也還是值得我們好好學習的。

《史記》也是一本史學價值很高的信史，如史記中商朝的帝王世系。學者們曾經懷疑司馬遷距商朝一千多年，怎麼可能寫得真實呢？但是人們透過對甲骨文的研究，證明甲骨文的商朝帝王世系與《史記》的記述是一致的，從而認定《史記》是一部信史。

司馬遷身處逆境、遭受屈辱而頑強不屈奮發著書的故事，在中華民族歷史上樹立了一座豐碑，受到後人的懷念和景仰。

得育英才為三樂

【名言】

得天下英才而教育之，三樂也。

——《盡心上》

【要義】

英才，優秀人才。三樂，第三種樂趣。

孟子在長期的教學實踐中，不斷總結經驗，探討教學規律，提出了許多精闢的教學原則和方法。孟子在遊歷諸侯各國時，後面跟隨的車子有幾十輛，跟隨的門生、信徒幾百人。他在總結一生的政治、教育活動時，提出了「君子有三樂」的主張。他採用前後照應的手法，首先指出君子有三種樂趣。接著依次闡述了三樂：一是父母健在、兄弟和睦的天倫之樂；二是上不愧於天、下不愧於人的心正無邪的修養之樂；三是教育天下優秀人才的教育之樂。最後的結論照應前文，認為君子有三樂，用仁德統一天下並不在其中。這種方法使文意連貫，主旨如一。

為什麼用仁德統一天下不在三樂之中呢？我們知道，孟子積極宣傳仁政主張，力圖實現濟世救民的抱負。他認為，用仁德統一天下，就能獲得富貴利祿而建立功業。儘管這是君子所希望的，但樂趣不在這裡。因此，對外在富貴利祿的期望，與天倫性分之樂相比，它畢竟是外在的，因而不在三樂之中。

孟子提出的三樂，都直接與理義道德精神相連。天倫之樂，體現了尊親敬長的仁義之樂；修養之樂；是一種個體人格完善而引起的精神愉悅。它不僅是一種道德感，而且又具有審美愉快的性質；教育之樂，能將自己的仁義主張傳給後人，從而使儒家的仁義之道流傳不斷，使後人接受其薰陶和潤澤。所以，孟子提出的「得天下英才而教育之，三樂也」的名言，無疑是對自己長期教育實踐經驗的概括和總結，表現了對儒家仁義之道流傳不絕的堅定信念。這一名言，對後世產生了重要影響。許多著名教育家和教育工作者，都將孟子的這一名言引以為自豪的格言，培養了無數治國安邦的優秀人才，促進了教育事業的興盛和發展。

【故事】

下面講的是朱熹教授弟子以教育為樂的故事。

朱熹（一一三〇～一二〇〇年），字元晦，號晦庵，徽州婺源（今屬江西）人。南宋時代著名的思想家、教育家。他熱衷於教育事業，積極從事講學活動約五十年。他以教育為樂，即使在從政期間，教育活動也不間斷。他每到一地，著力整頓縣學、州學，創辦了同安縣學、武夷精舍、考亭書院等，恢復了白鹿洞書院和嶽麓書院，制定學規，編撰教科書，培養了一大批知識份分子，促進了古代教育事業的發展。

朱熹在年輕時代就很有名氣，剛滿二十歲就受到許多人的「尊慕」；三十二歲時聚徒講學、著書立說。在約五十年的歲月中，他的主要精力都放在了講學與著述上，創辦書院二十七所，門生達幾千人，並留下浩繁的著作七十餘部，共四百六十多卷。就教育史的地位來說，他是孔子以後最著名的教育家；就流傳後世的著作來說，在中國三千年的漫長歷史中，也是很少有人能與之相比的。

紹興二十三年（一一五三年），年僅二十三歲的朱熹出任福建同安縣主簿，主簿的職責之一就是管理縣裡的教育事務。朱熹對自己的工作很盡責，尤其熱心的是教育。他一到同安，就立即挑選縣裡優秀青年進縣學，訪求名人作為他們的表率，每天向他們講說聖賢修養自身和治理國家的道理。同時，他整理和收集書籍，建立「經史閣」，以解決縣學師生們缺乏圖書的困難。

朱熹在任南康軍地方官的時候，修復了著名的白鹿洞書院，並制訂了一整套規章制度。這對後代的教育，特別是書院式教育產生了重要的影響。

白鹿洞書院是一個歷史悠久的講學之所。唐代隱士李渤曾隱居江西廬山五老峰東南讀書，他養了一頭白鹿以自娛，所以人稱白鹿先生。後來李渤任江州刺史，在這個地方修建台榭，號稱白鹿洞。南唐時在這個遺址上建立學館，稱廬山國學，宋初改名白鹿洞書院，是全國著名的四大學院之一，來就學的學生常達百人之多。

但到朱熹主持南康軍時，書院由於長期失修，無人管理，已是荒涼破敗，正像朱熹詩中所說的「學館餘廢址，鳴琴息遺歌」。為了振興教育事業，培養人才，並宣傳自己宣導的理學，朱熹對修復白鹿洞書院做了周詳的考慮和全面的安排。從淳熙六年（一一七九年）十月開工修建，一直到第二年三月才完工。

白鹿洞書院坐落在五老峰南二十多里的地方，山巒環抱，「無市井之喧，有泉石之勝」，是一個幽居講學、著書立說的好地方。經過一番規劃整理，廣植花木，增建亭榭並刻石題字，這所荒廢多年的書院已成為名勝景區和著名的教育場所，可謂海內書院第一。

朱熹在白鹿洞書院修復完工時，高興得夜不能寢，揮毫作詩，以表達自己的喜悅心情。

詩中寫道：「重營舊館喜初成，要共群賢聽鹿鳴。三爵何妨奠蘋藻，一編詎敢議明誠？深源定自閒中得，妙用原從樂處生。莫問無窮庵外事，此心聊與此山盟。」

朱熹還領著賓客、助手以及書院師生們行祭孔之禮，請求皇帝為書院題寫匾額並頒發儒家的經典書籍，要求江西各地的學校好好保管這些書。他還置辦田產以供學者的衣食之用。朱熹每逢休假就到書院去，回答學生們的問題。學習完畢，就和學生們一起到泉石間休息、散步，徜徉在書院的青山碧水之中，形成一派寧靜、和諧的教學氣氛。

淳熙八年（一一八一年），朱熹請當時另一位著名的哲學家陸九淵到白鹿洞書院講學。陸九淵所講的內容是孔子《論語》中的「君子喻於義，小人喻於利」兩句。陸九淵引經據典，侃侃而談，講得清晰懇切而有激情，學生中有人被感動得流下淚來。朱熹對陸九淵的講演很滿意，請陸九淵把講稿留下來刻在石碑上作為紀念，讓學生們時時對照、檢省自己。

淳熙十年（一一八三年），朱熹回到福建崇安，在武夷山五曲大隱屏峰下建成武夷精舍，四方學士紛紛前來學習。朱熹在這裡聚徒講學。他的朋友韓元吉在《武夷精舍記》中說：「我的好朋友朱熹居住在五夫里，離武夷山只有三十里。距離這麼近，就像他的後花園，一有空閒就去那裡遊覽。他和學生們常常帶著《詩經》、《楚辭》等書，邊遊玩邊吟誦。」

朱熹在武夷精舍的教育活動對後世影響很大，清代的《武夷山志》說：朱熹開創了紫陽書院，很多儒學大師都聚集到他身邊，良好的學風代代相傳。從元朝、明朝到現在，著名學者大多到此山來講學，因而此山的名聲從此天下第一了。

紹熙五年（一一九四年），朱熹任湖南潭州知州。他在任職期間，仍然十分注意教育事業，重視州學和縣學的建設，並修復了嶽麓書院。

嶽麓書院位於潭州（今長沙）汀江西岸的嶽麓山（即衡山）下，是我國古代著名的四大書院之一，創建於北宋太平興國元年（九七六年）。到了南宋初年，書院已遭到戰亂的嚴重破壞。乾道元年（一一六五年），湖南安撫使劉哄復建，有屋五十間。朱熹這次修復，不僅恢復了乾道年間的原貌，還有所擴建，並請名將張浚之子張栻（栻音ㄕˋ）主持教事。

早在乾道三年（一一六七年）八、九月時，朱熹就從福州專程拜訪張栻，並在書院講學，論述《中庸》之義。時間雖然不長，但是聽講者很多。朱熹在講堂上手書了「忠孝廉節」四個大字，此後，這個講堂就被名為「忠孝廉節堂」。

朱熹還為嶽麓山各風景名勝命名題字，由此又出現了赫曦台、道中庸、極高明、翠微亭等遺跡。朱熹在嶽麓書院修復、擴建後說：「我們在本州的州立學校之外，又創立了嶽麓書院。這是為那些不遠千里到這裡求師的有志之士創辦的，作為他們求學和修養身心的地方，這個意義是很深遠的。」

朱熹在繁忙的政務之餘，常到書院來教導學生。他白天處理政務，夜晚就和學生們講論學問，隨問而答，全無倦色。他常用現實生活中的道理啟發學生，教導他們不要看不起身邊小事而去空想不切實際的大事。他言辭懇切，聽者常常為之感動。朱熹還在書院後曲水之上建百泉軒，下面是濯纓池，這裡曾是他和張栻聚會的地方。朱熹把他所制訂的《白鹿洞書院學規》作為嶽麓書院教規，把教育目的、訓練綱目、求學之序以及修身處事的原則一一列出，明示諸生。

宋寧宗慶元元年（一一九五年），經宰相趙汝愚推薦，朝廷任命朱熹為煥章閣待制兼侍講。他趕赴京城去上任，為皇帝講授《大學》，但他擔任這個職務僅四十天就被罷免了。他在被解除職務的第三天拜辭皇帝，隨後離開首都臨安（今杭州）。這年冬天，朱熹到達玉山（今屬江西上饒），在縣學講學。同月，朱熹回到福建考亭，至年終，建成「竹林精舍」（後改稱滄州精舍），在這裡繼續從事教學和著述。

精舍創立後，四方學子不遠千里而來。有志於研究學問的人，都把考亭作為自己的依歸，群賢畢至，論道其中。朱熹與學生黃乾、蔡元定、陳淳等研究學問，探明義理，形成具有重大影響的考亭學派。朱熹在自己的住宅旁建了一棟小書樓，作為藏書的處所，書樓匾上有張南軒手跡「藏書」兩字。精舍燕居廟奉祀先聖孔子，配祀顏回、曾參、孔伋、孟子四賢和宋代學者周敦頤、程頤、程顥（顥音ㄏㄠˋ）、張載、邵雍、司馬光和朱熹的老師李侗等七人。精舍建成時，朱熹為表示對先賢的虔誠，率領學生們到燕居廟舉行「釋菜」之禮（古代入學時祭祀老師的典禮，用芹藻之類的作為祭品），以奉告精舍建成。

朱熹平時也按規矩奉祀先賢。每天早晨，精舍弟子先穿戴整齊到影堂擊板，等候朱熹出來，廳堂裡擺著供品，初一供酒果，十五獻茶。朱熹開門走出後，就升堂領著弟子們按順序拜香，兩拜而退，然後登樓拜聖像。行完禮後，朱熹回到書院端坐，受學生拜揖，再喝湯茶，稍坐片刻。在這個時間內，學生提出要請教的問題，朱熹解答後，各自回到書堂。

精舍有嚴格的學規，設堂長一人，專門管理學校的行政事務，訓導並考核學生，監督學規的執行情況。滄州精舍大抵沿用《白鹿洞書院學規》。五教之目是「父子有親，君臣有義，夫婦有別，長幼有序，朋友有信」；教學順序是「博學之，審問之，慎思之，明辨之，篤行之」。學說體現了朱熹的全部教育思想，以此作為精舍學生的思想指南和行動準則。

朱熹在考亭撰文教育精舍學生，讀書首先要立志，如果志向不明，就不知道朝哪個方向努力；那些追求利祿卻不追求道義、要做貴人卻不做好人的人，都是志向不明造成的。

他教導學生對儒家經典須熟讀精思，「書不記，熟讀可記；義不精，細思可精。」他批評那些整天說學道是天下最大的事卻不著實去做的人，認為他們從來都不肯下大工夫去讀書，到了和別人討論學問的時候，泛泛地談一些沒有針對性的問題，臨時拼湊一些知識，不能引經據典，也說不出一兩個完完整整的道理來。他要求學生深入體會已學的知識，要經常思索體會，認真實踐，才能把所學的知識理解得更深入、更透徹。

朱熹在滄州精舍根據不同的教學對象的特點，採取靈活多樣的教學方法。譬如他採取了教師領頭、師生共同研究的方法。朱熹與賢徒蔡元定、蔡沈、黃乾等經常互相切磋，研究學術上的重大課題。《易學啟蒙》一書，朱熹囑咐蔡元定起草其中《易論》部分，然後經過共同研究、修改、潤色，幾年後才成書。朱熹晚年定居考亭，蔡元定就搬到附近居住，以便就近問學。兩人又共同研究了《楚辭》和《參同契》。朱熹考慮到自己難以完成卷帙浩繁的經典注解工作，就把研究《尚書》的任務以及自己的手稿一百多段交付給蔡沈。蔡沈經過十二年的艱苦工作，終於完成了《書集傳》（書指《尚書》）。朱熹六十七歲開始編寫《禮書》，他把《喪》、《祭》兩篇交給黃乾編寫，寫成後，朱熹非常滿意。這種教學方法，目的也在於培養學生獨立的研究能力。

朱熹在滄州精舍，對宋朝的科舉制度進行了尖銳的批評。科舉制度始於隋朝，發展到唐朝已逐漸完備。到了宋朝，政治腐敗，科舉制度也有很多弊病。

朱熹少年時本無意於科舉，只因他學問功底好，一考即中，也只好如此了。後來有的學生在談到科舉問題時，就問朱熹：「先生少年時報考科舉後是如何打算的？」

朱熹回答說：「我當時自己已經決定，如果那次沒有考中，就再也不進科舉的考場了。」

學生林擇之說：「如今有很多士人聚集的地方，風氣就不好，太學（國學）不如州學，州學不如縣學，縣學不如鄉學。」

朱熹說：「太學真個無益，對於國家的教化沒有什麼益處，負責考試的主管部門好出偏題，企圖以此難倒考生；學生所寫文章，多是浮面，不夠明白、踏實。」

因此，朱熹有一批很有才華的學生毅然地拋棄了科舉的功名，隱居山林，專事著述。蔡元定到四十歲都不踐場屋，尤袤、楊萬里向朝廷推薦他，皇帝下詔命他赴京當官，他竟以病推辭，築室西山，把研究學問作為自己終身的歸宿。

滄州精舍是朱熹私人創辦的學校，繼承了前代私立學校教學與議政相結合的傳統。宋代私立學校的師生大都關心政治，熱衷於抨擊時弊。朱熹在考亭講學，彙集了一大批文人儒生，常常談論時政，或在教學中評議時政，習以為常。

有一次，朱熹生了病，身體很弱，但當談到官吏貪贓的時候，這位一向講究抑制怒氣的老先生怒形於色地罵道：「我要是看見了這些人，就給他們臉上刺上大字，發配充軍！」朱熹和他的學生們經常抨擊時政，使當局大為頭疼，以致當朱熹在考亭過世將要出殯時，朝廷怕他的朋友和學生們聚集一起指責時弊，就命令地方官嚴加禁止、防範。

滄州精舍是朱熹一生講學生涯中的最後一所學府。在師生長期的共同生活中，朱熹和學生繼承儒學傳統的教養，經受時代風雲的激蕩。朱熹在這八年的教學實踐中，總結出一整套教學的原則和方法，並形成了精舍獨有的精神風氣，其中有許多合理的精華，值得後人借鑑和發揚。

朱熹繼承了儒家重視教育的傳統，一生致力於教育事業。從十九歲考上進士後，五十餘年間，除擔任過幾任地方官和四十天的待制侍講官外，講學和著書時間長達四十餘年之久。朱熹在長期的教學實踐活動中，形成了一整套教育思想，在之後長達八百年的封建社會中，產生了深遠的影響。

朱熹教書育人以教育為樂的故事，再次證實了孟子「得天下英才而教育之，三樂也」所揭示的深刻道理。

有為者若掘井

【名言】

有為者辟若掘井，掘井九軔而不及泉，猶為棄井也。

——《盡心上》

【要義】

有為，做事情。辟，同「譬」。軔，通「仞」，古代七尺長稱一仞。棄井，廢井。

在道德修養上，孟子強調堅持不懈、持之以恆的重要性，認為堅持不懈地加強修養，就能達到高尚的道德境界。他在向學生講解道德修養時，以掘井為譬喻，提出了「有為者辟若掘井，掘井九軔而不及泉，猶為棄井也」的名言。就是說，人們做事就像掘井一樣，掘到六、七丈深還不見泉水，就此甘休，這還是一口廢井。

孟子的這一名言勉勵人們做事要持之以恆，堅持不懈，不獲成功，絕不甘休；如果淺嘗輒止，半途而廢，就會前功盡棄。

【故事】

劉秀稱帝後，漁陽（今河北）太守彭寵、涿郡太守張豐、東萊（今山東）太守張步也都各自稱王，對剛剛建立的東漢政權形成很大的威脅。建威將軍耿弇（弇音ㄧㄢˇ）對劉秀說：「臣的父親耿況現在上谷（今屬河北），兵強馬壯，力量雄厚。臣想前去調集軍隊，先平彭寵，再破張豐、張步，剷除這些禍患！」

劉秀被耿弇的雄心壯志所感動，考慮再三，同意了他的請求。

耿弇首先把矛頭指向漁陽，行軍途中，他發現張豐力量較弱，於是決定先消滅張豐。在朱祐、王常兩位將軍的支援下，耿弇連戰皆勝，一直打到張豐的老巢涿郡，攻破城池，活捉了張豐，隨後把他處決。

彭寵原來與張豐互相勾結，狼狽為奸。張豐一死，他獨木難支，耿弇趁勝前進，漢兵長驅直入，彭寵在眾叛親離的情況下，企圖棄城逃命，卻被自己的家奴殺死。

張豐、彭寵被平定後，耿弇揮師東下，渡過波濤翻滾的黃河，直取張步。

張步的勢力遠比張豐、彭寵強大。他派將軍費邑在歷下（今濟南西）以重兵防守，又在泰山一帶築起營壘，準備與耿弇決一死戰。耿弇瞭解了費邑的佈兵情況後，覺得硬打難以取勝，於是採取調虎離山之計，揮師東進，攻打巨里城。

費邑慌忙率三萬精兵救巨里，耿弇卻只有三千士兵佯裝攻城，大部分將士都埋伏在巨里城外的山嶺中，只等費邑來送死。

費邑進入耿弇的伏擊圈後，全軍覆沒，他本人也被亂軍殺死。耿弇乘勢攻破濟南，逼近張步的根據地劇縣。

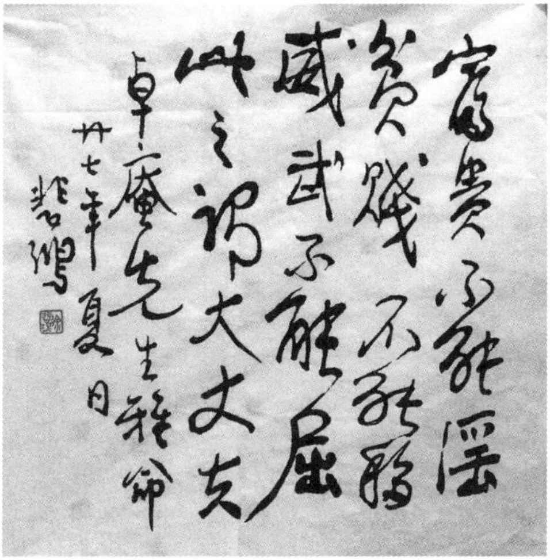

徐悲鴻書：富貴不能淫，貧賤不能移、威武不能屈

張步孤注一擲，將二十萬大軍全部投入戰鬥。因此，戰鬥一開始就空前的激烈、殘酷。戰鬥中，耿弇身先士卒，左衝右突。突然，一箭飛來，正中耿弇的大腿，血流如注。為了不影響士氣，耿弇咬緊牙關，拔刀砍斷箭桿，然後繼續作戰，直到天黑下來，雙方鳴金收兵，身邊的將士才知道他早已負傷。

這時候，劉秀已率兵進入山東，準備親自增援耿弇。耿弇對將士們說：「皇上駕到，我們應該以戰鬥的勝利來迎接，怎麼能讓皇上冒著危險，親自上戰場呢？」全軍將士受到鼓舞，激戰從清晨開始，一直殺到傍晚，張步損失慘重，被迫遁逃，從此一蹶不振。

在慶功宴上，劉秀感慨地對耿弇說：「將軍身經百戰，所向無敵，即使是當年的韓信見了也會嘆服。想當初，你向我請求平叛的重任時，我還憂心忡忡，現在你的目標都已經達到了，這真是有志者事竟成啊！」

堅持不懈、有志者事竟成的故事告誡人們，做事如果持之以恆、堅持不懈，就能獲得成功。

盡信《書》則不如無《書》

【名言】

盡信《書》，則不如無《書》。

——《盡心下》

【要義】

盡信，完全相信。《書》，《尚書》，古代儒家經典。

孟子在長期的教育活動中，累積了豐富的教學經驗和學習經驗，告誡學生讀書要深明大義，對書本上的記載要採取分析的態度，不能盲從，提出了「盡信《書》，則不如無《書》」的名言，認為完全相信《尚書》的記載，還不如沒有《尚書》。

為什麼這樣說呢？孟子分析說：「我對《武成》那一篇，認為可信的只有二三策（竹簡）。

仁德的人在天下是無敵的，最有仁德的周武王討伐最殘暴不仁的商紂王時，怎能會殺人遍野、血流成河而使搗米用的木槌都漂流起來呢？」孟子認為「血流漂杵」的記載不符合以至仁伐至不仁的歷史事實。孟子的主張儘管存有一定的美化聖人的傾向，但中國古代史書因適應當時的政治需要確實存有誇張不實之處。孟子強調「盡信《書》，則不如無《書》」，對破除教條主義和清除迷信權威的神秘主義，無疑具有積極的進步意義，至今對我們具有深刻的啟示。

【故事】

這裡講的是朱熹讀書獨立思考、不迷信古人的故事。

朱熹從小聰穎好學，愛好思考，廣泛地學習各種知識，逐漸成為一位著名的思想家。

朱熹主張在學習歷史時，一定要獨立思考，破除迷信。他認為，對於那些明顯的不合情理的歷史記載要敢於懷疑，這是因為古人有時把傳聞當作真實的歷史。朱熹很佩服漢朝的大歷史學家司馬遷，他說：「司馬遷才能高，見解也高。」但他對《史記》裡的某些記載仍敢於懷疑。例如《史記》裡記載：戰國末期，秦軍在長平坑殺了趙軍四十萬，朱熹認為這是不可信的，其中必有失實之處。他說：「長平坑殺四十萬人，這是司馬遷說過頭了，不可信。趙國打了敗仗是有的，但是趙國兵將都是身經百戰之士。難道有四十萬大軍肯束手受死嗎？這記載是絕不可信的。」

又如史書上記載唐太宗李世民殺了哥哥李建成、弟弟李元吉之後，他的父親李淵（當時還是皇帝）目睹慘禍，卻還心安理得地去泛舟作樂，朱熹認為此事不可信，他說：「一件如此重大的事件，兄弟相殺如此殘酷，當父親的怎麼能如此地安然無事？其中一定有不可相信的地方。」朱熹的這種獨立思考，不迷信古人的精神，對一位歷史學家來說是很可貴的。

梓匠輪輿不能使人巧

【名言】

梓匠輪輿能與人規矩，不能使人巧。

——《盡心下》

【要義】

梓匠，製作木器的工人。輪輿，製作車輪、車廂的工人。規，畫圓的圓規。矩，畫直角的曲尺。規矩，喻指標準。巧，高明的技巧。

在道德修養上，孟子突出強調了道德踐履的重要性。在他看來，人們要完善自己的道德品質和追求高尚的道德境界，必須經過自己的實際努力。他在向學生講解道德踐履時提出了這一名言。在這裡，孟子以木工、車工教人學藝為喻，認為他們能把規矩標準教給別人，卻不能使別人一定具有高明的技巧。學習的人要掌握高超的技藝，必須經過自己的實際努力。這種強調人的實際努力的思想，對鼓勵人們學習知識技藝、加強道德修養、不斷攀登高尚的道德精神境界，都具有積極的意義。

【故事】

這裡講的魯班學藝是一則神話故事。

魯班年輕的時候，決心要上終南山拜師學藝。他拜別了爹娘，騎上馬直奔西方，越過一座座山崗，跨過一條條溪流，一連走了三十天，前面沒有路了，只見一座大山，高聳入雲。魯班想：「恐怕是終南山到了，山上彎彎曲曲的小徑有千百條，該從哪一條上去呢？」魯班正在為難，看見山腳下有一間小房子，門口坐著一個老大娘在紡線。魯班牽馬上前，作了個揖問：「老奶奶，我要上終南山拜師學藝，該從哪條道上去？」

老大娘說：「有九百九十九條道，正中間一條就是。」魯班連忙道謝。他左數四百九十九條，右數四百九十九條，選中正中間那條小道，打馬跑上山去。

魯班到了山頂，只見樹林子裡露出一帶屋脊，走近一看，是三間平房。他輕輕地推開門，屋子裡破斧子、爛鉋子攤了一地，連個立足的地方都沒有。一個鬚髮皆白的老頭兒，伸著兩條腿，躺在床上睡大覺，打呼像擂鼓一般。魯班想：「這位老師傅一定就是精通木匠手藝的神仙了。」他把破斧子、爛鉋子收拾在木箱裡，然後規規矩矩地站立著等老師傅醒來。

直到太陽落山，老師傅才睜開眼睛坐了起來。魯班走上前，跪在地上說：「師傅啊，您收下我這個徒弟吧！」老師傅問：「你叫什麼名字？從哪兒來的？」魯班回答說：「我叫魯班，從萬里以外的魯家灣來的。」老師傅說：「我要考考你，你答對了，我就把你收下；答錯了，你怎麼來就怎麼回去。」魯班不慌不忙地說：「我今天答不出，明天再答。哪天答出來了，師傅就哪天收我做徒弟吧！」

老師傅捋了捋鬍子說：「普普通通的三間房子，幾根大柁？幾根二柁？多少根檁子？多少根椽子？」魯班張口就回答：「普普通通的三間房子，四根大柁，四根二柁，大小十五根檁子，二百四十根椽子。五歲的時候我就數過，師傅看對不對？」老師傅輕輕地點了一下頭。

老師傅接著問：「一件手藝，有的人三個月就能學會，有的人得三年才能學會。學三個月和學三年，有什麼不同？」魯班想了想才回答：「學三個月的，手藝紮根在眼裡；學三年的，手藝紮根在心裡。」老師傅又輕輕地點了一下頭。

老師傅接著提出第三個問題：「兩個徒弟學成了手藝下山去，師傅送給他們每人一把斧子。大徒弟用斧子賺得了一座金山，二徒弟用斧子在人們心裡刻下了一個名字。你願意跟哪個徒弟學？」魯班馬上回答：「願意跟第二個學。」老師傅聽了哈哈大笑。

老師傅說：「好吧，你都答對了，我把你收下。可是向我學藝，就得使用我的傢伙。這些傢伙，我已經五百年沒使用了，你拿去修理修理吧！」

魯班把木箱裡的傢伙拿出來一看，斧子崩了口，鉋子長滿了鏽，鑿子又彎又禿，都該收拾整理了。他挽起袖子就在磨刀石上磨起來。他白天磨，晚上磨，磨得膀子都疼了，磨得兩手起了血泡，又高又厚的磨刀石，磨得像一道彎彎的月牙。一直磨了七天七夜，斧子磨快了，鉋子磨亮了，鑿子磨出刃來了，一件一件都閃閃發亮。他一件一件送給老師傅看，老師傅看了不住地點頭。

老師傅說：「試試你磨的這把斧子，你去把門前那棵大樹砍倒。那棵大樹已經長了五百年了。」

魯班提著斧子來到大樹下。這棵大樹可真粗，幾個人都合抱不住；抬頭一望，快要頂著天了。他掄起斧子不停地砍，足足砍了十二個白天十二個黑夜，才把這棵大樹砍倒。

魯班提著斧子進屋去見師傅。老師傅又說：「試試你磨的這把鉋子，你先用斧子把這棵大樹砍成一根大柁，再用鉋子把它刨光，要光得不留一根毛刺兒，圓得像十五的月亮。」

魯班轉過身，拿著斧子和鉋子來到門前。他一斧又一斧地砍去了大樹的枝柯，一刨又一刨地刨平了樹幹上的節疤，足足做了十二個白天十二個黑夜，才把那根大柁刨得又圓又光。

魯班拿著斧子和鉋子進屋去見師傅。老師傅又說：「試試你磨的這把鑿子，你在大柁上鑿兩千四百個眼兒：六百個方的，六百個圓的，六百個三稜的，六百個扁的。」

魯班拿起鑿子和斧子，來到大柁旁邊就鑿起來。他鑿了一個眼兒又鑿一個眼兒，只見一陣木屑亂飛。足足鑿了十二個白天十二個黑夜，兩千四百個眼兒都鑿好了：六百個方的，六百個圓的，六百個三稜的，六百個扁的。

魯班帶著鑿子和斧子去見師傅。老師傅笑了，誇獎魯班說：「好孩子，我一定把全套手藝都教給你！」說完就把魯班領到西屋。原來西屋裡擺著好多模型，有樓有閣有橋有塔，有桌有几有箱有櫃，各式各樣，精緻極了，魯班把眼睛都看花了。老師傅笑著說：「你把這些模型拆下來再裝上，每個模型都要拆一遍，裝一遍，自己專心學，手藝就學好了。」

老師傅說完就走出去了。魯班拿起這一件，看著那一件，一件也捨不得放下。他把模型一件件拿在手裡，翻過來倒過去地看，每一件都認真拆三遍裝三遍。每天飯也顧不得吃，覺也顧不得睡。老師傅早上來看他，他在琢磨；晚上來看他，他還在琢磨。老師傅催他睡覺，他隨口答應，可是捨不得放下手裡的模型。

魯班苦學了三年，把所有的手藝都學會了。老師傅還要試試他，把模型全都毀掉，讓他重新造。他憑記憶，一件一件都造得跟原來的一模一樣。老師傅又拿出許多新模型讓他造。他一邊琢磨一邊做，結果都按師傅說的式樣做出來了。老師傅非常滿意。

一天，老師傅把魯班叫到跟前，對他說：「徒弟，三年過去了，你的手藝也學成了，今天該下山了。」魯班說：「不行，我的手藝還不精，我要再學三年！」老師傅笑著說：「以後你自己邊做邊學吧。你要時刻記住一句話：要掌握任何手藝，都必須經過自己的艱苦努力。」

魯班捨不得離開師傅，可是知道師傅不肯留他了。他哭著說：「我給師傅留點什麼東西吧？」老師傅又笑了，他說：「師傅什麼也用不著，只要你不丟師傅的臉，不壞師傅的名聲就夠了。」

魯班只好拜別了師傅，含著眼淚下山了。他永遠記著師傅的話，使著師傅給他的斧子、鉋子、鑿子，為人們造了許多橋樑、機械、房屋、傢俱，還教了不少徒弟，留下了許多動人的故事。後世的人都尊他為木工的祖師。

魯班學藝的故事告訴人們：要掌握高明的技藝，必須經過自己的艱苦努力。

民貴君輕

【名言】

民為貴，社稷次之，君為輕。

——《盡心下》

【要義】

貴，重要。社稷，土神和穀神，國家政權的標誌。

孟子在遊歷諸侯國的過程中，目睹連年的戰爭和統治者的暴虐統治給百姓造成的嚴重災難，懷著對百姓苦難的深深同情，嚴厲抨擊統治者的暴虐行徑。同時，他又懷著極大的政治熱情和治國、平天下「當今之世，捨我其誰」的歷史責任感，力諫諸侯國君要借鑑三代天下得失的歷史經驗教訓，摒棄霸道，實行仁政，以德服人，獲得民心。他在總結歷史與現實經驗教訓的基礎上，在中國古代思想史上第一次明確提出「民貴君輕」的著名主張，認為民心向背關係到國家的興衰、安危、存亡和天下的得失，把民放在第一位，社稷放在第二位，國君放在第三位。首先，國君輕於民。這是因為獲得民心，才能成為天子；得到天子的信任，才能成為諸侯；得到諸侯的信任，才能成為大夫。否則，失去民心，就不能成為天子。這樣，民是國家的根本。君與民相比，君輕於民。其次，國君還輕於社稷。這是因為，諸侯無道，危害了國家利益，就要改立賢君，所以君又輕於社稷。最後，社稷雖重於君，但又輕於民。這是因為，土、穀神有保障國泰民安的責任。如果依禮按時祭祀，土、穀之神不能為民抵禦災患而仍然發生水旱災害，就要毀掉祭壇另立土、穀之神。

孟子的「民貴君輕」思想，是先秦民本思想的集中概括，具有一定的民權思想，反映了當時社會的進步思潮，對後世產生了重大、積極的影響。譬如唐太宗李世民意識到民眾力量的巨大，告誡臣下和太子做事不可違背民意；明末清初的黃宗羲發揮了孟子的民權思想，猛烈抨擊君主專制，大聲疾呼人民為主，國君為客。資產階級改良派康有為、梁啟超等，改鑄了孟子的民貴君輕論，論證了資產階級制度取代封建制度的合理性，用資產階級的觀點解釋君權的起源和君民關係。革命家孫中山，極力讚揚孟子的民貴君輕主張，將孟子的「民本」思想賦予近代民權的含義等等。總之，孟子民貴君輕對後世的影響，說明它是中國古代政治思想史上一份珍貴的遺產，至今仍對我們具有深刻的啟示意義。

【故事】

下面講的是孟子論述「民貴君輕」思想的故事。

周慎靚王二年（前三一九年），齊宣王即位。他非常仰慕齊桓公、晉文公的霸業，同時也為了振興齊國、稱雄諸侯、統一天下，便褒尊儒學，招納賢才，使各國學者前往齊國。在這種社會形勢下，孟子於周慎靚王三年（前三一八年）離開梁國而再次前往齊國。

孟子來齊國後，對齊宣王施行仁政充滿了信心。他利用各種機會向齊王宣傳「以民為本」的仁政主張。齊宣王也經常召孟子入宮，尊之為長，奉之為師，促膝交談，聆聽教訓，對几斟酌，開懷暢飲。

有一次，孟子問齊宣王：「陛下認為，什麼是諸侯的寶貝？」

齊宣王訥訥半天，無言以對，最後勉強答道：「珍珠、美玉才是諸侯的寶貝。」

齊宣王回答後望著孟子，等待著孟子的評論。

孟子理直氣壯地對齊宣王說：「諸侯的寶貝有三種：土地、人民、政事。以珍珠美玉為寶者，災禍必及其身。」

齊宣王聽了孟子的回答，臉上顯出疑惑的神色。

孟子見狀，便循循善誘地對齊宣王說：「在諸侯國中人民最重要，民心向背關係到國家的安危治亂，得民心的人便能得到天下，失民心的人便會失去天下。諸侯國君要保障百姓有足夠的土地耕種，使民仰足以事父母，俯足以畜妻子，樂歲終身飽，凶歲免於死亡，過著安居樂業的生活。人民居於社會的重要地位，他們的生活富庶了，安定了，則必誠心地擁護和愛戴國君，這樣上下同心，君臣一致，國家則必然強大，社會則必然長治久安。」

齊宣王聽了孟子的話，點了點頭。孟子趁機又問齊宣王：「一國之內，何為貴？」

齊宣王不假思索地脫口而出道：「自然是君為貴。」

齊宣王回答很堅決，很肯定。孟子搖搖頭，笑了笑。

齊宣王被孟子笑愣了，驚奇地反問道：「難道我回答錯了嗎?依夫子高見，一國之內，何為貴？」

孟子嚴肅地答道：「民為貴，社稷次之，君為輕。」

孟子略一停頓，便接著解釋說：「一個人得著百姓的歡心便做天子，得著天子的歡心便做諸侯，得著諸侯的歡心便做大夫。諸侯危害國家，那就改立。犧牲既已肥壯，祭品又已潔淨，也依一定時候致祭，但是水旱災害仍然發生，那就要改立土穀之神。」

齊宣王詢問道：「國君怎樣做才能取得百姓的歡心呢？」

孟子回答說：「百姓所喜好的，國君替他們聚積起來；百姓所厭惡的，國君不要施行。總之，做好耕種，減輕賦稅，使民富足；按時食用，依禮消費，財物使用不盡。國君治天下，使百姓糧食多如水火，取之不盡，用之不竭，百姓豐衣足食，安居樂業，就會齊心擁護國君。」

齊宣王聽了孟子的話，心裡感到十分喜悅的，高興地對孟子說：「先生的一番話使我頓開茅塞，請您輔佐我達到目的。」

諸侯之寶三

【名言】

諸侯之寶三：土地，人民，政事。寶珠玉者，殃必及身。

——《盡心下》

【要義】

寶三，寶貝有三樣。寶珠玉，把珍珠美玉當作寶貝。殃，禍害。

孟子在遊歷諸侯、宣傳仁政的過程中，善於總結、記取歷史上的經驗教訓，提出了「諸侯之寶三：土地，人民，政事。寶珠玉者，殃必及身」的名言。

就是說，諸侯最寶貴的東西有三種：土地、人民和政事。如果認為最寶貴的東西是珍珠美玉，必定遭受禍殃。

為什麼這樣說呢？這是因為土地是保住國家的基業，人民是治理國家的根本，政事是治理國家的法度。在此，孟子把人民當作治理國家的三寶之一，肯定了人民在國家社會生活中的重要地位和作用，在中國古代思想史上佔有光輝的一頁。這一名言，已被後世無數歷史事實所證實。每當政治家、開明帝王意識到三寶的重要作用，實行各項有利於民生的措施時，社會就會穩定和發展；反之，統治者不恤民苦，暴虐百姓，追求珍珠美玉，沉溺於聲色犬馬，社會就會陷於動亂，統治者最終就會招致亡國殺身之禍。

【故事】

下面講的是虞國國君以珍珠美玉為寶而亡國的故事。

百里奚是虞國人。有一年，百里奚離開家鄉，到了齊國，想去求見齊襄公，可是沒有人替他引見，只好流落他鄉，靠乞討過日子。後來他到了宋國，已經四十多歲了。在那邊他碰見一位隱士，叫蹇（蹇音ㄐㄧㄢˇ）叔，比他大一歲。兩人一聊，十分投機，就成了知心朋友。可是蹇叔也不是很富裕，百里奚不能老跟著他過活，只好在鄉下替人家看牛。

這兩個好朋友後來跑了好幾個地方，想找一條出路，可是怎麼也找不到一個適當的主子。蹇叔說：「咱們還是回老家去吧。」百里奚惦念著他的家人，打算回到虞國去。蹇叔說：「也好，虞國的大夫宮之奇是我的朋友。我也想去看看他。」他們兩人就到了虞國。蹇叔去看他朋友，百里奚就回家了。

百里奚回到了本鄉，找到了以前的住處。破房子還在，連河邊那棵歪脖子柳樹還像從前那樣，可是他的媳婦和孩子哪兒去了呢？問問街坊四鄰，沒有一個認識的。他們說：「這兒連年遭了災荒，死的死，逃荒的逃荒。一個婦道人家，也許改嫁了，也許死了。」

百里奚在門口愣了半天，想起妻子劈門閂、燉母雞的情形，不由得掉了眼淚，很傷心地走了。他去找蹇叔，蹇叔帶著他去見大夫宮之奇。宮之奇請他們留在虞國，還說他一定帶他們去見國君。蹇叔已經打聽明白了，他搖了搖頭，說：「虞君不識大體，愛貪小便宜，不像個有作為的人物。」

百里奚說：「我已經奔走了這麼些年了，就留在這兒吧。」

蹇叔嘆了一口氣說：「這也難怪你。不過我還是回去。以後您要看我，就到鳴鹿村好了。」自此之後，百里奚跟著宮之奇在虞國做了大夫。哪裡知道果然不出蹇叔所料，虞君為了貪小便宜，連國也亡了。

周惠王二十二年（前六五五年），臨近的晉國派使者到了虞國，送上一匹千里馬和一對名貴的玉璧，作為禮物。使者說：「虢國老侵犯我們，我們打算跟他們打一仗。為了行軍的方便，貴國可不可以借一條道讓我們過去？」

虞國瞧瞧手裡的玉璧，又瞧瞧千里馬，連連答應：「可以，可以！」

大夫宮之奇攔住他說：「不行，不行！虢國跟虞國離得那麼近，好像嘴脣跟牙齒一樣。俗語說：『脣齒相依，脣亡齒寒。』我們這兩個小國相互幫助，還不至於被人家滅了。萬一虢國被晉國滅了，虞國也一定保不住。」

虞君說：「人家晉國送來了這無價之寶跟我們交好，難道我們連一條路都不准人家經過？再說晉國比虢國強上十倍，就算失了一個小國，可是交上了一個大國，這還不好嗎？」宮之奇還想說幾句，倒被百里奚拉住了。宮之奇退了出來，對百里奚說：「你不幫我說話也就罷了，怎麼還攔住我呢？」百里奚說：「跟糊塗人說好話，就好像把珍珠扔在路上。」宮之奇知道虞國一定滅亡，就偷偷地帶著家小跑了。

晉國的國君晉獻公派大將率領大軍經過虞國消滅了虢國。回頭一順手把虞國也滅了，取回了千里馬和玉璧。虞君成了俘虜。他雖然後悔萬分，但為時已晚，國家終究滅亡了。

說大人，則藐之

【名言】

說大人，則藐之，勿視其巍巍然。

——《盡心下》

【要義】

說大人，勸說諸侯。藐，輕視、藐視。巍巍然，高高在上的樣子。

孟子在近二十年的遊說生涯中，胸懷以天下為己任的歷史責任感和濟世救民的宏大志向，宣傳仁政，慷慨陳詞，藐視權貴，抨擊時弊，既會見了大、小國的諸侯國君，又接觸了各國的卿相貴戚，猛烈抨擊諸侯權貴施行暴政、殘害百姓、喜好財貨、奢侈淫逸的不義行徑，深切同情庶民百姓遭受的各種苦難。

周赧王三年（前三一二年），孟子離開齊國返鄒後，在總結自己的遊說生涯時，提出了「說大人，則藐之，勿視其巍巍然」的政治卓見。它的意思是說，勸說諸侯權貴時，應該堅持仁義之道，藐視他們，不要把他們的富貴、權勢、顯耀放在眼裡。

孟子又繼續論述說：諸侯權貴極盡驕奢之事，殿堂高大宏偉，屋簷寬達數尺，我如果得志行道，絕不這樣做；他們的珍饈佳饌擺滿方桌，侍候的姬妾數百，我如果得志行道，絕不這樣做；他們飲酒作樂，跑馬打獵，前呼後擁，跟隨的車子千餘輛，我如果得志行道，絕不這樣做。孟子最後強調說：「他們所做的驕奢之事，都是我不願做的。我依循的準則是古代聖王的仁義恭儉，為什麼要畏懼他們呢？」

孟子在論述上述名言的過程中，運用了排比句式，氣勢縱橫，慷慨激昂，文辭警切遒勁，洋溢著熾烈的情感。他既猛烈抨擊了諸侯權貴奢侈淫靡的生活，又抒發了自己濟世救民、兼善天下的宏大志向。

孟子在遊說諸侯的過程中，堅守仁義之道，把諸侯的富貴、權勢、顯耀視如敝屣，從而表現出高潔自守、剛正不阿、藐視權貴、兼善天下的精神風貌。孟子胸懷仁義、藐視權貴凜然不可侵犯的大丈夫氣概，顯示了巍然屹立人格的偉大與堅強，強調了人格意志無所畏懼的強大力量，對後世產生了深遠的影響。

【故事】

這裡講的是海瑞剛毅不阿、犯顏直諫的故事。

海瑞（一五一四～一五八七年），字汝賢，號剛峰，據說他取這一名號的用意是：一切以剛為主，表示終身剛直不阿，人稱他為剛峰先生。廣東海南島瓊山縣人。嘉靖二十八年（一五四九年），海瑞以一篇《治黎策》中了舉人。後歷任儒學教諭、知縣、右僉都御史等職，是明代中後期一位著名的政治家，是中國封建社會著名的廉潔奉公、剛毅不阿的清官。

嘉靖四十三年（一五六四年），海瑞調京任雲南戶部主事。在京城任職期間，他耳聞目睹了朝廷的腐敗。當時明世宗雖在位已久，但從嘉靖二十年（一五四一年）以來，他就不上朝理政，深居西苑，沉迷於求道成仙，奢侈淫逸，寵信奸佞，導致朝政日益腐敗。

嘉靖四十五年（一五六六年）二月，海瑞提出著名的《直言天下第一事疏》（後人稱為《治安疏》）。他指出：

「我聽說君王是天下臣民萬物的主宰，他的責任重大。想要稱職，也唯有把職責寄託在大臣身上，使他們盡情進言。我冒死請求，替陛下陳述。以前的漢文帝本就是賢明君主，賈誼尚且痛哭流涕地進言。這不是苛求，因為文帝性情仁慈近於柔弱，雖然有惠民的好事，也不免懈怠廢棄，這是賈誼最憂慮的。陛下天資英武果斷，遠遠超過漢文帝。然而文帝能夠擴展仁慈寬容的性情，節制耗費，體恤人民，使天下錢貫腐朽，粟糧陳積，幾乎終止刑罰。陛下卻銳利精明不多久，就被妄念牽移開去，背離剛明的品質，而且錯誤地用人，以致宣稱飛升可以求得，一心修煉本性。用盡百姓的脂膏，大興土木，二十多年不理朝政，法紀鬆弛；終日沉迷於求道成仙，不見兩位皇太子，人們認為父子情誼淺薄；因為猜疑、誹謗、屠戮、侮辱大臣，人們認為君臣情誼淺薄；樂於待在西苑享樂不歸皇宮，人們認為夫婦情誼淺薄；小吏貪污官宦驕橫，民不聊生，水旱災害不斷，盜賊日益猖獗。陛下試想現在的天下，是怎麼樣呢？

「近來，嚴嵩被罷免相職，嚴世蕃被判處極刑，一時間大快人心。然而嚴嵩罷相後如同嚴嵩沒有任相職之前一樣，世道不是很清明，還遠遠不及漢文帝。大概天下的人對陛下有看法已經很久了。古時人君有過錯，依靠大臣匡正。現在皇上仍然修齋建祭壇，爭相敬香，送仙桃獻天藥，大臣都作表稱賀讚頌。建宮殿築居室，要竭力經營；採集香料收購珠寶，府府開支四出。陛下錯誤地興起，大臣們錯誤地順從，沒有一個人願意向陛下正確陳述，阿諛之風嚴重。然而他們內心慚愧、氣餒，告退後又背地議論。這種欺騙君主的罪孽又怎能要得呢？天下是陛下的家，沒有不顧念家的人；朝廷內外的大臣都為陛下的家奠基，那麼這家就會堅如磐石。一心修煉本性，這是陛下的心智迷惑。過分苛求武斷，這是陛下的偏激。說陛下不顧念家，合乎人之常情嗎？大臣們損公肥私，只顧追求官職升遷，而不用心處理政務，實在不能合乎陛下的心意。否則，君心臣心偶然不合，就稱陛下討厭、刻薄大臣，因此拒絕勸諫。抓住一兩個不適當的人，就懷疑成千上百的人都這樣，使陛下做出錯誤的舉動，卻坦然不見怪，大臣們的罪行大著呢！史書說：『皇帝猶豫不決則老百姓迷惑，對下情難知曉則君王長期勞累。』正是這樣呀！

「陛下的失誤很多，其中最大的失誤是齋祭。齋祭是求長生。自古聖賢傳下訓誡，修身立命稱『順應自然保全正命』，沒有聽到長生的說法。堯、舜、禹、湯、文、武等最聖賢的人，沒有能夠長命於世的。退而言之，也沒有見到從漢、唐、宋到現在有活著的方士。陛下接受陶仲文的方術，稱他為師。陶仲文卻已經死了，他都不能長生，陛下怎能長生呢？仙桃天藥，更是怪誕荒謬。從前，宋真宗在乾祐山獲得天書，孫奭（奭音ㄕˋ）說：『天怎麼講話？哪裡來書？』桃子必須採摘才能得到，藥必須焙製才能製成，現在無緣無故得到這兩件東西，是它們有腳可行嗎？稱『天賜』難道是用手來交付給人嗎？這是奸詐的人製造荒誕的事來欺騙陛下，陛下錯誤地相信了，認為是真的，這是過失啊！

「陛下又說用刑賞來督導大臣，分派人加以治理，天下沒有不能治理的事，那麼修煉本性就對自己沒有損害嗎？太甲說：『有言論與自己心事相反，必須求證道理；有言論恭順自己的志趣，必須求證它沒有道理。』任用人必須唯唯諾諾與自己不相違抗，陛下的這種方針不好。譬如嚴嵩，有一件不順從陛下的事情嗎？過去誤認為他與陛下是一條心，實際上卻是罪魁禍首。梁材守道守官，陛下誤認為是叛逆，但在戶部做過官的人至今首推他最有聲望。然而某些大臣寧願像嚴嵩一樣恭順，不取法梁材的耿直，實際上是順從陛下的錯誤。陛下由此得到什麼好處？陛下如果能確實知曉齋祭無益，一旦幡然悔悟，天天到正朝，與宰相、侍從、言官商討天下的利害，清洗數十年累積的過失，置身於堯、舜、禹、湯、文、武聖賢之中，使大臣們也洗刷數十年阿諛君王的羞恥，置身於皋、夔、伊、傅的行列，何患天下不能治理好，何患萬事不被梳理順？這僅僅是陛下振作一下的事。放棄它不做，熱衷於修道成仙，傷精勞神，在捕風捉影、茫然不知之中尋求修煉本性，我看終身勞苦，卻最終一無所成。現在大臣取俸祿而喜好阿諛，小官吏害怕被治罪就閉口不語，我很憤恨。此冒死罪，願盡綿薄之力，唯求陛下賜恩。」

果然，皇帝看了這道疏文之後，十分生氣，把疏文丟在地上，表示對海瑞的憤慨。但想了一想，卻又撿了起來，覺得海瑞的言辭確是擊中了自己的要害，便嘆口氣說：「此人倒比得上比干，只是我並不是紂王啊！」但朱厚熜（熜音ㄗㄨㄥ）還是不能原諒他，下令：「趕快把海瑞抓起來，不要讓他跑掉！」

宦官黃錦佩服海瑞的骨氣，想袒護他，就告訴朱厚熜，說海瑞是書呆子，上疏之後，連棺材都買好了，看樣子是不會逃跑的。朱厚熜愣住了，雖然沒有立即把他抓起來，但過了幾天，還是命令把海瑞交錦衣衛訊問，定了死罪。

《治安疏》可能產生的後果，海瑞自然是清楚的。所以他在上疏之後，便將僅有的二十兩銀子送去給他的同鄉好友王宏海，拜託他為自己辦理後事。回家以後，自己買了一口棺材，並把家中童僕一一遣散。他知道，皇帝一定會治他死罪的。他曾經感慨地對王宏海說：「現在醫國的只有一味甘草，處世的只是一味鄉愿。」

海瑞被判了死刑之後，朝中正直的大臣對他表以無限同情，但懾於封建帝王的淫威，誰也不敢公開出來打抱不平。當時有個廣西人何以尚在戶部當司務，也算是海瑞的同事，上疏要求釋放海瑞，朱厚熜立即命令將他逮捕入獄，嚴刑逼供。徐階當時在京任首輔大臣，他為人比較正直，趁工作之便，也勸朱厚熜不要加罪海瑞。朱厚熜也明白海瑞的話雖然刻薄，但也不得不承認海瑞說的都對。在這種情況下，海瑞雖然被判了死刑，朱厚熜始終沒有命令執行。而掌握錦衣衛的太監，因為海瑞上疏矛頭是對準方士，多少也有點同情海瑞。皇帝不下令處斬海瑞，他們也絕不會去催辦。

嘉靖四十五年（一五六六年）冬天，朱厚熜病死了。獄吏知道海瑞不但可獲釋，而且還會當官的，就辦了酒席來請海瑞，並告訴他皇帝已死。海瑞聽了痛苦不已，把剛才吃的東西全都吐了出來，說明海瑞雖然罵皇帝卻是忠於皇帝的。不幾天，海瑞被釋放，復任戶部雲南司主事。隨後又改任兵部武庫司主事。隆慶元年（一五六七年），調任專管皇帝璽印的尚寶司司丞，之後又調任大理寺寺丞，專管平反冤獄。

隆慶三年（一五六九年）五月，海瑞升任右僉都御史，以欽差大臣總督糧道巡撫應天。應天巡撫所轄為應天、蘇州、常州、松江、鎮江、徽州、太平、寧國、安慶、池州、廣德十府，為明王朝財富之區，堪稱全國最富庶的地方。但由於連年受災，加上貪官污吏的盤剝、鄉官的橫行，土地集中，百姓糧、役負擔特別重，生活處在水深火熱之中，特別是松江更為嚴重。海瑞下決心要革黜貪官污吏，搏擊豪強，矯革浮淫，矯正宿弊。

嚴令一頒佈，有如烈日秋霜，風物頓易。十府官員心驚膽戰，有的望風解綬，出逃外省避風；有的把平時窮奢極欲的習氣趕忙收斂，裝成安分守職的樣子；有的顯赫權貴把自己的門第漆成紅色的，以示招搖，聽說海瑞要來了，一夜之間就改漆成黑色的；一名太監任監江南織造，歷來驕橫侈縱，出入乘八人肩輿，看到海瑞來了，心裡很不自在，遂將八人肩輿改成四人肩輿。

海瑞在應天十府的官場中造成一股威懾的力量。但是，擺在海瑞面前的這些地區卻是千瘡百孔，從何著手？那一年松江一帶正鬧水災，一直到深秋季節，許多良田仍然浸在水裡。原因是吳淞江、白茆河年久失修，河床堵塞。於是，海瑞決定頭一項工作就是疏通河道，治理水患，促進當地經濟的發展。

海瑞任應天巡撫期間，極為痛恨大戶兼併土地，極力抑制豪強，安撫貧窮羸弱。凡是貧民的田地被富戶兼併去的，一概替他們奪回。當時在淞江一帶橫行鄉里的，要算華亭鄉官徐階和他的弟弟徐陟（陟音至）。他們侵佔土地，拒交賦稅，而徐階的兒子更是橫行鄉里，無惡不作。徐階在海瑞被處死時，曾設法救過他，如果徇私當不可追究徐家的所作所為。但是，如果那樣做，要在淞江實行均田均稅，也就成了空話。

海瑞畢竟是個剛勁不阿的人，他不為個人恩怨所掣肘。下令徐階退田，並將徐府成千名家奴遣散一大部分。對徐階的兒子徐璠、徐琨判罪充軍，三兒子徐瑛革職為民。徐階看到海瑞鐵面無私，不退田不行，就玩了一些花招，把一部分土地改記在兒子名下。海瑞馬上揭穿了徐階的伎倆。

應天巡撫任內，是海瑞政績最輝煌的時期。但是，好景不常，海瑞正在盡心施展抱負時，和應天十府有關聯的朝、野官員卻對海瑞群起而攻之。首起發難的是給事中舒化，誣衊海瑞庇護奸民，魚肉官吏，沽名釣譽，擾亂政事。海瑞對此十分憤慨。他義正辭嚴，逐條駁斥戴鳳翔的誣衊。但是，他最終仍被罷去應天巡撫的職務，調為督職南京糧儲。海瑞在吳地任職剛半年，百姓聽說他將離去，哭聲載道，在家中祭祀他的繪像。

萬曆十五年（一五八七年），海瑞在南京病故。臨終前三日，兵部送來柴薪費多算了七錢銀子，海瑞讓人退了回去。所言之事，無一語及私。死後，清理他的全部家產，只餘銀十餘兩。南京縉紳及百姓聽說海瑞死了，十分悲痛。朱翊鈞聽到這件事，也很過意不去，下令替海瑞舉行隆重葬禮，加封太子少保，謚忠介。

海瑞的一生，是反對貪官、主張節儉、與豪強地主進行了不屈爭鬥的一生。他為官清廉，所在任內，清丈田畝，改革賦稅，興修水利，所有這些對發展生產是有積極作用的。他剛毅不阿，犯顏直諫，抨擊權貴，表現出為國為民而不怕丟官、不怕死的錚錚鐵骨。

養心莫善於寡欲

【名言】

養心莫善於寡欲。

——《盡心下》

【要義】

養心，修養心性。莫，沒有。寡欲，減少欲望。

在道德修養上，孟子承認人具有聲色臭味等自然生理欲望的必要性及合理性，同時又強調人應保持仁義禮智善性和追求高尚的道德精神境界，認為人的物質生活需要與精神生活需要是一個具有主次之分、先後之別的和諧統一的有機整體。也就是說，只有以心官制約耳目口鼻等感官，以仁義禮智道德觀念制約富貴利祿，以精神生活需要制約物質生活需要，才能有利於人的健康發展。正是在上述認知的基礎上，孟子提出了著名的「寡欲」主張，指出：「養心莫善於寡欲。其為人也寡欲，雖有不存焉者，寡矣；其為人也多欲，雖有存焉者，寡矣。」意思是說，修身養性的最好方法是減少、節制物質生活欲望。如果能減少、節制物質生活欲望，即使喪失一些仁義禮智善性，那也是很少的；如果物質生活欲望很多，即使保持某些仁義禮智善性，那也是很少的。

孟子的「寡欲」說，並不是要人們擯棄自然生理和物質生活欲望，而是強調用仁義禮智道德觀念和高級的精神生活需要制約聲色臭味等自然生理需要和物質生活需要。如果捨棄追求仁義禮智和高級的精神生活需要而單純追求聲色臭味的自然生理欲望，就會喪失人善良的本性而把自己降低到動物的水準。孟子強調的「寡欲」的道德修養方法，對提高人的精神境界和促進人的健康發展，具有積極的意義，對後世也產生了重要的影響。中華民族崇尚節儉等優良傳統的產生和發展，與孟子的影響是密不可分的。

【故事】

在中國歷史上，有許多開明帝王嚴以律己，崇尚節儉，節制欲望，被後世傳為佳話。這裡講的是隋文帝節制欲望而治國的故事。

隋朝的開國皇帝楊堅（五四一～六〇四年），革除北周的苛政，對人民實行緩和政策，法令清簡，節儉治國，從而獲得了民心。他順應歷史發展趨勢，結束了中國四百年分裂割據的漫長混亂歲月，實現了隋朝的統一，使社會經濟獲得很大的發展，社會出現了繁榮景象。

隋文帝實行節儉治國，反對鋪張浪費，積極節制自己的欲望。他之所以要把節儉當作治國的法寶，是因為他長期生活在上層貴族當中，深切地意識到那種奢侈糜爛的生活，既消磨了人的意志，使人養成了懶惰享受的惡習，又會對百姓搜刮太兇，激起民怨。這些都是導致國家滅亡的禍根。

隋文帝厲行節儉，首先從自己做起。當他在做輔政大臣的時候，就開始提倡節儉的生活了。做了皇帝之後，就更加注意。隋文帝自己居住的地方，佈置得極為簡單樸素，不像別的皇帝那樣，弄得富麗堂皇，排場奢靡。他下令讓宮廷的嬪妃穿著普通的布衣，不允許穿戴華麗嬌豔的服裝。隋文帝所乘坐的車子，都已陳舊。即使壞了，他也不換新的，而是讓工匠們修理修理，繼續使用。平時所吃的飯菜也極為簡單，不過是幾樣素菜。他明確規定，每餐的葷菜只能有一樣，多了就須撤掉，還要懲辦違反規定的廚師。

有一次，相州（今河南安陽）刺史進宮拜見隋文帝。他為了討好隋文帝，就準備了不少綾羅綢緞，獻媚地說：「皇上，小人特地帶了些上好衣料，獻給皇上享用。」隋文帝十分生氣，大聲喝道：「本人奉行節儉政策，難道你不知道嗎？重打五十大板！」

兩旁隨從應命而出，將那刺史按倒在地，狠狠打了五十大板，打得那傢伙屁滾尿流，無地自容。隋文帝氣仍未消，又傳命道：「把絹帛全給我燒了。」

一把大火就在殿堂上燃燒起來，那些綾羅綢緞轉眼之間便成了灰燼。從火光中，人們看到了隋文帝推行節儉政策的決心，看到了他嚴以律己的精神。

正因為隋文帝帶了個好頭，下面的人也就不敢違反，所以節儉的政策得到了有效的實施。久而久之，就形成了一種良好的風氣。

當時一般的讀書人，平常所穿的衣服都是普通的粗布，佩帶的衣飾也只用些銅鐵、骨角之類的東西，而不用金銀美玉等貴重物品。從這些細節裡，不難看出當時崇尚節儉的社會風尚。

隋文帝躬行節儉，對百姓的疾苦就有較深的體察，對改善政治就有了良好的前提。

他每天親自上朝處理各種政事，從一大早入朝，直到太陽落山才下朝。雖然十分辛苦，但隋文帝始終做得認認真真，不敢有絲毫的懈怠，把疲倦、勞累丟在了腦後。有時他坐著車子外出視察，只要在路上見到了拿著狀紙要去上告的人，就命隨從停下馬車，親自過問一番，打聽打聽是怎麼一回事。

有時，他還悄悄地派出一些人，去觀察民情風俗、百姓疾苦，考核各地官員的政績得失，以瞭解社會的真實情況。

有一年，關中地區鬧災荒。隋文帝聽說了，就派人去看看百姓們都吃些什麼。派去的人回來報告隋文帝，說百姓生活十分艱苦，吃的是豬狗食一樣的東西，然後把收集來的豆皮米糠拿給隋文帝看。隋文帝看後十分傷心，流下了眼淚。

第二天一上朝，隋文帝就把豆皮米糠拿出來給大臣看，深深自責地說：「你們看看，老百姓吃的就是這種東西，這哪裡是人過的日子？我真對不起百姓啊！」說著，眼淚又流了下來，大臣們也都很受感動。

隋文帝深深責備自己的過失。為此，他把平時已經較為簡單的飯菜又減去了不少，並且不喝酒不吃肉。這樣做有將近一年的時間。

除此之外，他還親自帶領飢民到洛陽去尋食度日，命令城中的衛兵見到逃荒的人，不許驅趕、逼迫他們。有時，隋文帝見到扶老攜幼的人群，就把馬匹趕到一邊，讓出道來，請百姓們先走，口裡還說些「別擔心，慢慢走」等有禮貌的話，安慰那些受苦受難的百姓。

隋文帝不僅以身作則，而且對他的幾個兒子也要求很嚴，經常教育他們要節儉樸素。

他的大兒子叫楊勇，立為太子，按照古代的規矩，將來是要繼承皇位的。因此，隋文帝對待楊勇，要求得更嚴格。他常常告誡楊勇，說：「你是太子，應該首先奉行節儉，養成節儉的品德。這樣，你才能承繼我的皇位，做個好皇帝。要知道，從古至今，沒有哪一個圖奢侈好享受的帝王是能夠做得長久的！」

楊勇聽著父親的這些教導，口中答應著，心裡卻不以為然，暗笑父親迂腐，太過擔心。

於是他背著隋文帝，照樣講排場，過著驕奢淫逸、醉生夢死的生活。隋文帝發覺了，又是開導，又是訓斥，但楊勇總是陽奉陰違，屢教不改。於是就把楊勇的太子身分給廢了，另立了一個兒子楊廣來代替他。

對於那些不節儉講奢靡的人，無論是大臣百官，還是自己的兒子，隋文帝基本都能做到秉公處置，不講私情。

皇子秦王楊俊背著父親在外面私自建造了一座華麗的府邸，並且在裡面大肆揮霍，無所不為。隋文帝發現後，立刻取消了楊俊的爵位，並把他鎖在黑房裡關禁閉，不許他再出去。大臣們見隋文帝罰了楊俊，就一起來為他說情：「秦王沒有什麼大的罪過，就是多花了點錢而已。教訓一頓就行了，何必要如此處罰他呢？」宰相楊素也認為罰得過重應撤回處罰。隋文帝不理會，理直氣壯地說：「我是一國之主，必須依照法律秉公辦事。如果皇子犯了法可以不受處罰，那我還怎麼治理天下，讓大家都信服我呢？」一席話說得大臣們啞口無言。

隋文帝崇尚節儉、養心寡欲的政策，對隋朝的經濟發展產生了重要的作用。他崇尚節儉、堅持寡欲而治理好國家的故事，在中國歷史上被傳為美談，再次證實了孟子「養心莫善於寡欲」的論斷。

先秦經典智慧名言故事

張樹驊主編　沈兵稚副主編

01	《老子》《莊子》智慧名言故事	林忠軍	定價：240元
02	《孫子兵法》智慧名言故事	張頌之	定價：240元
03	《詩經》智慧名言故事	楊曉偉	定價：240元
04	《周易》智慧名言故事	李秋麗	定價：240元
05	《論語》智慧名言故事	王佃利	定價：240元
06	《孟子》智慧名言故事	王其俊	定價：240元
07	《韓非子》智慧名言故事	張富祥	定價：240元
08	《禮記》智慧名言故事	姜林祥	定價：240元
09	《國語》智慧名言故事	牟宗豔	定價：240元
10	《尚書》智慧名言故事	張富祥	定價：240元

典藏中國：

01	三國志 -- 限量精裝版	秦漢唐	定價：199元
02	三十六計 -- 限量精裝版	秦漢唐	定價：199元
03	資治通鑑的故事 -- 限量精裝版	秦漢唐	定價：249元
04	史記的故事 -- 限量精裝版	秦漢唐	定價：249元
05	大話孫子兵法 -- 中國第一智慧書	黃樸民	定價：249元
06	速讀 -- 二十四史 -- 上下	汪高鑫李傳印	定價：720元
08	速讀 -- 資治通鑑	汪高鑫李傳印	定價：380元
09	速讀中國古代文學名	汪龍麟主編	定價：450元
10	速讀世界文學名	楊坤　主編	定價：380元
11	易經的人生64個感悟	魯衛賓	定價：280元
12	心經心得	曾琦雲	定價：280元
13	淺讀《金剛經》	夏春芬	定價：200元
14	讀《三國演義》悟人生大智慧	王　峰	定價：240元
15	生命的箴言《菜根譚》	秦漢唐	定價：168元
16	讀孔孟老莊悟人生智慧	張永生	定價：220元
17	厚黑學全集【壹】絕處逢生	李宗吾	定價：300元
18	厚黑學全集【貳】舌燦蓮花	李宗吾	定價：300元
19	論語的人生64個感悟	馮麗莎	定價：280元
20	老子的人生64個感悟	馮麗莎	定價：280元
21	讀墨學法家悟人生智慧	張永生	定價：220元

先秦經典智慧名言故事

給國、高中生最佳的課外讀物，短期內提升國學程度的經典

張樹驊主編

沈兵稚副主編

國家圖書館出版品預行編目資料

《孟子》智慧名言故事 / 王其俊 編

-- 一版. -- 臺北市 :廣達文化，2009.12

; 公分. -（經典智慧名言叢書：06)（文經閣）

ISBN 978-957-713-431-8 (平裝)

1. 孟子 2.格言 3.通俗作品

121.26 98018746

本書感謝齊魯出版社授權出版

經典智慧名言叢書：06

《孟子》智慧名言故事

編者：王其俊

主編：張樹驊
副主編：沈冰稚

文經閣
出版者：廣達文化事業有限公司
Quanta Association Cultural Enterprises Co. Ltd

發行所：臺北市信義區中坡南路路 287 號 4 樓
電話：27283588　傳真：27264126
E-mail：siraviko@seed.net.tw

本公司經臺北市政府核准登記 登記證為局版北市業字第九三二號
印　刷：卡樂印刷排版公司　　　裝　訂：秉成裝訂有限公司

代理行銷：創智文化有限公司
臺北縣中和市建一路 136 號 5 樓　電話：22289828　傳真：22287858

一版一刷：2010 年 3 月

定　價：240 元

文經閣

貧者因書而富

富者因書而貴

文經閣

貧者因書而富
富者因書而貴